EIN JAHR *der einfachen* LOW CARB *Desserts*

EINLEITUNG

Wenn man einer Low Carb-Diät folgt hat man oft das Gefühl, dass einem der Spaß am Essen seiner Lieblingssüßigkeit genommen wird. Tatsächlich lässt eine Low Carb-Diät nicht einmal mehr unsere Lieblings-Leckereien zu, weshalb ich inspiriert wurde, dieses Buch zu schreiben.

Ich wollte ein Kochbuch kreieren, das voller köstlicher und einfach zuzubereitender Low Carb-Desserts ist, die Ihre Diät nicht ruinieren würden.

In diesem Buch finden Sie Rezepte für alle vier Jahreszeiten, von Herbst und Winter bis hin zu den wärmeren Frühjahrs- und Sommermonaten. Und das Beste daran ist, dass jedes Rezept nur fünf Gramm Netto-Kohlenhydrate oder weniger enthält!

Ich hoffe, dass dieses Dessertbuch zu einem Grundbestandteil in Ihrer Küche wird und dass es ein wenig Freude dabei bereitet, ohne schlechtes Gewissen Leckereien zuzubereiten und zu genießen.

Ich würde mich über ein Feedback von Ihnen freuen, und wenn Sie Fragen zu einem der Rezepte haben, zögern Sie bitte nicht, mir eine E-Mail zu schreiben:

Elizabeth@ketojane.com

Was Ihnen auch gefallen könnte

BITTE BESUCHEN SIE DEN FOLGENDEN LINK ZU DASS SIE ANDERE BÜCHER DES AUTORS SEHEN.

http://ketojane.com/buch

INHALT

Einführung 3

Was Ihnen auch gefallen könnte 4

Wie dieses Buch funktioniert 9

Ihre Anleitung zur Zubereitung köstlicher Low Carb Desserts 11

Praktische Küchenutensilien zum Backen von Low Carb Desserts 13

Herbst-Rezepte 16

KEKSE 17

Erdnussbutterkekse (GF, DF) 17

Die ultimativen Herbstgewürze Low Carb-Schokoladenkekse (GF) 18

Muskatnuss- & Zimtkekse mit kohlehydratfreier Vanilleglasur (GF) 19

FONDANT/DEFTIGE BISSEN 20

Kürbis-Käsekuchen-Fettbomben (GF) 20

Herzhafte Meersalz & Karamell Fondant-Bissen (GF, DF, V) 21

Erdnussbutter-Fondant (GF, DF, V) 22

Schokoladentrüffel (GF) 23

DONUTS/TEEGEBÄCK 24

Zimt & Nelken Donuts (GF) 24

Ahorn-Zimt-Teegebäck (GF) 25

DESSERT-GETRÄNKE 26

Herbstgewürzte heiße Schokolade (GF, DF, V) 26

KALTE LECKEREIEN 27

Kürbis-Gewürz-Kakao-Mousse (DF, GF, V, P) 27

Kokosnusscreme-Kürbiskuchen-Milchshake (GF, DF, V, P) 28

Ahorn-Walnuss-Schlagsahne (GF) 29

Winter-Rezepte 30

KEKSE 31

Schokoladenkekse mit Mega-Schokoladenstückcken (GF) 31

Weiche Mini-Browniekekse (GF) 32

Low Carb Lebkuchen (GF) 33

Schneeflocken-Zuckerkekse mit weihnachtlichen Gewürzen (GF) 34

HERZHAFTE BISSEN & SCHOKOLADE 35

Die ultimativen Low Carb Apfelkuchen-Bissen (GF, DF, V, P) 35

Valentinstag-Schokolade-Himbeere-Fettbomben (GF) 36

Zartbitterschokolade Pfefferminzrinde (GF, DF, V, P) 37

BROWNIES, PIES & BROTE 38

Blondies (GF, DF, V, P) 38

Eierlikör-Brownies 39

Weihnachtliche, herzhafte Pecan Pie Bissen (DF, GF, P) 40

Kaffeekuchen mit kohlenhydratfreier Vanilleglasur (GF) 41

Schoko-Pfefferminz Weihnachtsbrot (GF) 42

Weihnachtliche Schoko-Cupcakes mit Buttercreme (GF) 43

KALTE LECKEREIEN 45

Walnuss-Parfait mit Zimtstreuseln (GF) 45

Frühjahrs-Rezepte 46

HERZHAFTE BISSEN & SCHOKOLADE 47

Grashüpfer-Schokoladenbecher (GF, DF, P) 47

Samoas Fettbomben (GF) 48

Ostersonntag-Karottenkuchen-Fettbomben (GF, V, P) 49

Mandel-Buttercups (GF, DF, P) 50

Herzhafte Zitrone-Kokosnuss-Bissen (GF) 51

BROWNIES & KUCHEN 52

Saint Patrick's Day Brownies (GF) 52

Funfetti Geburtstagskuchen (GF) 53

KALTE LECKEREIEN 54

Meersalz-Vanille-Mandelbutter-Milchshake (GF, DF, P) 54

Himbeer-Eisbecher (GF, DF, P) 55

Erdbeer-Minze Frozen Yogurt (GF) 56

Osterlich inspirierter Kokos-Pudding (GF) 57

Key Lime Pie Pudding (GF) 58

Pistazien-Brownieteig-Milchshake (GF) 59

Sommer-Rezepte 60

FETTBOMBEN & MOUSSE 61

Gefrorene Keksteig-Fettbomben (GF, DF, P) 61

Gefrorene Brownie-Fettbomben (GF, DF, P) 62

Erdbeer-Mousse (GF) 63

KALTE LECKEREIEN 64

Super cremiger Schoko-Erdnussbutter-Milchshake (DF, GF) 64

Dekadentes Brombeereis (ohne Rühren) (GF) 65

Himbeer-Sahne-Eiscreme (ohne Rühren) (GF) 66

Veganer Heidelbeer Frozen "Yogurt" (GF, DF, P) 67

Erdbeer & Sahne Frozen "Yogurt" am Stiel (GF) 68

Orangen-Cremeschnitte (GF) 70
Herzhafter Mokka-Milchshake (GF) 70

Kokosnuss-Schoko-Lutscher (GF, DF, P) 71

Schokolade & Mandel-Minz-Pudding (GF, DF, P) 72

Hausgemachtes Erdbeer-Schlagsahne-Parfait (GF) 73

WIE DIESES *Buch funktioniert*

Dieses Kochbuch enthält hilfreiche Backtipps, die Ihnen helfen, die bestmöglichen Ergebnisse zu erzielen. Es gibt auch Serviervorschläge, um Ihnen eine Vorstellung davon zu geben, mit was jedem dieser Rezepte gut zusammenpasst.

Sie werden außerdem feststellen, dass es bei jedem Rezept oben rechts fünf Symbole gibt. Ein Schlüssel zu diesen Symbolen ist unten aufgeführt:

 **VORBEREITUNGSZEIT:**

Zeitaufwand für die Zubereitung des Rezeptes. Dazu gehört nicht die Kochzeit.

 **KOCHZEIT:**

Zeit, die benötigt wird, um das Rezept zu kochen. Die Vorbereitungszeit ist nicht enthalten.

 **PORTIONEN:**

Wie viele Portionen jedes Rezept ergibt. Dies kann angepasst werden. Wenn Sie zum Beispiel die Menge aller Zutaten verdoppeln, können Sie doppelt so viele Portionen machen.

SCHWIERIGKEIT:

1 Ein einfach herzustellendes Rezept, das sich mit einer Handvoll Zutaten in kurzer Zeit zubereiten lässt.

2 Diese Rezepte sind etwas schwieriger und zeitaufwendiger, aber dennoch einfach genug, auch für Anfänger!

3 Ein fortschrittlicheres Rezept für den abenteuerlustigen Bäcker. Sie werden in diesem Buch nicht allzu viele Rezepte der Stufe 3 sehen. Diese Rezepte sind ideal für den Fall, dass Sie etwas mehr Zeit haben.

KOSTEN:

€: Ein preiswertes Alltagsdessert-Rezept.

€€: Ein preiswertes, mittleres Dessert-Rezept.

€€€: Ein teureres Rezept, das sich hervorragend zum Servieren auf einer Party eignet. Diese Rezepte enthalten höherpreisige Zutaten.

ERNÄHRUNGSHINWEISE

Ich habe außerdem Ernährungshinweise für jedes Rezept beigefügt, damit Sie schnell erkennen können, ob ein Rezept vegetarisch, glutenfrei, frei von Milchprodukten oder Paläo ist.

- **GF** Glutenfrei
- **DF** Frei von Milchprodukten
- **V** Vegetarisch
- **P** Paläo

IHRE ANLEITUNG ZUR ZUBEREITUNG KÖSTLICHER
Low Carb Desserts

Um Ihnen den Einstieg zu erleichtern, habe ich eine kurze Anleitung zusammengestellt, wie Sie das Beste aus dem Backen herausholen können und wie Sie die Zubereitung von Low Carb Desserts lustig und lecker gestalten können.

Hier sind einige Tipps, die Ihnen helfen, das köstlichste Low Carb-Dessert herzustellen, das Sie je probiert haben!

#1 **AUF QUALITÄT FOKUSSIEREN:** Qualität wird hier wirklich eine Rolle spielen. Ich habe dafür gesorgt, dass diese Rezepte simpel genug sind, dass Sie den Vanilleextrakt oder die Noten von Kokosraspel schmecken können. Sie möchten diese Aromen schmecken, also konzentrieren Sie sich auf hochwertigen reinen Vanilleextrakt und hochwertige Backgewürze, um die Aromen wirklich hervorzuheben.

#2 WÄHLEN SIE NATÜRLICHES STEVIA: Sie werden feststellen, dass ich aus verschiedenen Gründen in vielen dieser Rezepte Stevia verwende. Zum einen reduziert es die Kohlenhydrat-Menge, und zum anderen können Sie einige aromatisierte Steviaoptionen kaufen (mein persönlicher Liebling ist Vanillecreme), die Ihren Backrezepten eine nette Note hinzufügen. Achten Sie aber darauf, dass Sie sich an die halten, die natürlich und nicht künstlich aromatisiert sind.

#3 AUF DAS FETT FOKUSSIEREN: Ich habe in diesen Rezepten viel Kokosöl und Butter verwendet, also sollten Sie sich unbedingt damit eindecken! Sie werden sie in vielen der Rezepte großzügig verwenden.

#4 MACHEN SIE ES PALÄO: Möchten Sie Ihre Rezepte paläofreundlich gestalten? Versuchen Sie, die Milchprodukte auszutauschen, indem Sie Kokosmilch anstelle von Milch und Kokosöl anstelle von Butter verwenden.

#5 HABEN SIE SPASS: Nicht jeder liebt es zu backen, also habe ich versucht, diese Rezepte einfach und nicht sehr zeitaufwendig zu machen, damit wir etwas Spaß beim Backen von Low Carb-Desserts haben können. Viel Spaß damit! Schließlich ist das Endergebnis ein Low Carb-Genuss, den Sie ohne schlechtes Gewissen genießen können.

PRAKTISCHE KÜCHENUTENSILIEN ZUM BACKEN VON
Low Carb Desserts

Nachfolgend finden Sie meine empfohlenen "Werkzeuge" für die Herstellung von tollen Desserts. Wenn Sie sie noch nicht haben, habe ich einige meiner Empfehlungen (die ich persönlich verwende!) auf Amazon verlinkt.

- Mini-Cupcake-Pfanne aus Silikon
- Antihaftbeschichtete Silikon-Backspachtel
- 23x33 cm Backform
- Ungebleichtes Backpapier
- Silikon-Schneebesen-Set

- Zuckerfreier Schokoladen-Sirup
- Natürliche Lebensmittelfarbe
- Flüssiges Vanillecreme-Stevia
- Eis am Stiel Form-Set
- Vitamix Mixer
- Silikon-Backmatte
- Keks-Kühlgestell
- Meine Lieblings-Edelstahl-Messlöffel
- Stapelbare Messbecher
- Glas-Vorratsbehälter

Ein Jahr der Einfachen Low Carb Desserts

LOW CARB BACKEN ZUTATEN
Einkaufsliste

Hier ist eine Liste einiger der Zutaten, die Sie für viele Rezepte in diesem Buch benötigen werden.

SÜSSSTOFFE
- Stevia
- Swerve
- Mönchsfrucht

FETTE/ÖLE
- Kokosöl
- Vollfett-Kokosmilch aus der Dose

MEHL
- Mandelmehl

MILCH & EIER
- Butter
- Eier

ANDERE BACKZUTATEN
- Reiner Vanilleextrakt
- Backpulver
- Gemahlener Zimt

HINWEISE ZU SÜSSSTOFFEN & *Spezialzutaten*

Als Möglichkeit, Variationen dieser Dessertrezepte zuzubereiten, finden Sie eine Vielzahl von kohlenhydratarmen Süßstoffen. Sie können gerne einen gegen den anderen tauschen. Wenn Sie beispielsweise Stevia gegenüber Erythritol bevorzugen, verwenden Sie Stevia! Wenn Sie keine Mönchsfrucht finden, können Sie stattdessen Swerve verwenden. Zögern Sie nicht, kreativ zu sein und verwenden Sie in jedem Rezept ihren gewünschten Low Carb-Süßstoff.

Das Gleiche gilt für bestimmte Spezialzutaten wie aluminiumfreiem Backpulver. Um viele dieser Rezepte paläofreundlich zu machen, werden Sie feststellen, dass ein Rezept aluminium- und glutenfreies Backpulver erfordert. Wenn Sie die aluminium- und glutenfreie Version nicht finden, können Sie gerne normales Backpulver verwenden.

Viele Rezepte erfordern auch flüssiges Vanille-Stevia, aber Sie können gerne auch normales flüssiges Stevia oder einen Geschmack Ihrer Wahl verwenden!

Sie werden außerdem auf einige Rezepte stoßen, die Ghee erfordern. Wenn Sie Ghee nicht finden können, können Sie stattdessen einfach Butter verwenden.

Diese Rezepte sind so konzipiert, dass sie köstlich sind und den Spaß beim Backen von Low Carb-Desserts wieder aufleben lassen, also zögern Sie nicht, die Zutaten nach Ihrem Geschmack und Ihren Vorlieben anzupassen!

Ein Jahr der Einfachen Low Carb Desserts

HERBST Rezepte

KEKSE

Erdnuss-butterkekse

Die ultimativen Herbstgewürze Low Carb-Schokoladenkekse

Muskatnuss- & Zimtkekse mit kohlehydratfreier Vanilleglasur

FUDGE/SAVORY BITES

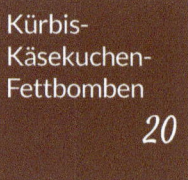
Kürbis-Käsekuchen-Fettbomben
20

Herzhafte Meersalz & Karamell Fondant-Bissen

Erdnussbutter-Fondant

Schokoladentrüffel

DONUTS/SCONE

Zimt & Nelken Donuts

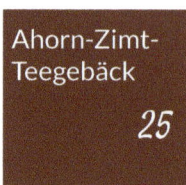
Ahorn-Zimt-Teegebäck
25

DESSERT BEVERAGES

Herbstgewürzte heiße Schokolade

COLD TREATS

Kürbis-Gewürz-Kakao-Mousse

Kokosnusscreme-Kürbiskuchen-Milchshake

Ahorn-Walnuss-Schlagsahne

ERDNUSSBUTTERKEKSE

GF **DF**

ZUTATEN:

- 500g ungesüßte Erdnussbutter (verwenden Sie Mandelbutter für eine Paläo-Version).
- 2 Eier
- 2 Teelöffel Flüssiges Stevia
- 1 Teelöffel reiner Vanilleextrakt
- 1 Teelöffel gluten- und aluminiumfreies Backpulver

Füllung:

- 105g Kokosöl
- 87g dunkle, ungesüßte Schokoladenchips

Nährwertangaben:

Kohlenhydrate: 8 g	Fett: 27 g
Ballaststoffe: 3 g	Eiweiß: 8 g
Netto-Kohlenhydrate: 5 g	Kalorien: 298

ZUBEREITUNG:

1. Den Ofen auf 175°C vorheizen und ein Backblech mit Backpapier auslegen.
2. Erdnussbutter und Eier in eine Rührschüssel geben und umrühren.
3. Die restlichen Zutaten zugeben und gut vermischen.
4. Lassen Sie ca. 2,5cm große Bällchen auf das mit Backpapier ausgekleidete Backblech fallen.
5. Drücken Sie mit dem Daumen in die Mitte jedes Kekses.
6. 8-10 Minuten oder bis die Kanten braun werden backen.
7. Während die Kekse gebacken werden, geben Sie das Kokosöl und die dunklen Schokoladenstücke bei schwacher bis mittlerer Hitze in einen Topf und rühren Sie sie um, bis sie geschmolzen sind.
8. Sobald die Kekse fertig sind, schaufeln Sie etwa 1 Teelöffel der Schokoladenmischung in die Mitte jedes Kekses.
9. Schokoladenmasse aushärten lassen und genießen.

Vorbereitungsanleitung:

Sie können auch zuckerfreie Marmelade in der Mitte dieser Cookies verwenden, wenn Sie kein Schokoladenfan sind. Fügen Sie die Marmelade hinzu, bevor die Kekse in den Ofen kommen.

Serviervorschlag:

Mit einem Glas ungesüßter Mandelmilch servieren.

DIE ULTIMATIVEN HERBSTGEWÜRZE LOW CARB-SCHOKOLADENKEKSE

Kekse

Schwierigkeits: 2 | 10 minuten (plus Kühlzeit) | 14-16 minuten | x12 (1 Keks pro portion) €€

GF

ZUTATEN:

- 192g fein gemahlenes Mandelmehl
- 2 Eier
- 113g Butter, geschmolzen (verwenden Sie Kokosöl für eine Paläo-Version)
- 60g Rohkakao-Nibs
- 3 Esslöffel Mönchsfrucht-Süßstoff
- 1 Teelöffel gluten- und aluminiumfreies Backpulver
- 1 Teelöffel Kürbiskuchenkuchengewürz
- ½ Teelöffel gemahlener Zimt
- 1 Teelöffel reiner Vanilleextrakt
- ½ Teelöffel Meersalz

ZUBEREITUNG:

1. Den Ofen auf 175°C vorheizen und ein Backblech mit Backpapier auslegen.
2. Die geschmolzene Butter, Vanille und Eier in eine Rührschüssel geben und verquirlen.
3. Die gesamten trockenen Zutaten außer den Kakao-Nibs in eine Rührschüssel geben und gut vermischen.
4. Die feuchte Mischung in die trockene geben und verquirlen, bis keine Klumpen mehr übrig sind.
5. Die Kakao-Nibs unterheben.
6. 12 große Kekse auf das mit Backpapier ausgekleidete Backblech legen und 14-16 Minuten oder bis die Ränder braun werden backen.
7. Abkühlen lassen und genießen!

Vorbereitungsanleitung:
Sie können auch ungesüßte dunkle Schokoladenstücke verwenden, wenn Sie keine Rohkakao-Nibs finden.

Serviervorschlag:
Mit einem Glas ungesüßter Mandelmilch servieren.

Nährwertangaben:
- **Kohlenhydrate:** 6 g
- **Ballaststoffe:** 2 g
- **Netto-Kohlenhydrate:** 4 g
- **Fett:** 14 g
- **Eiweiß:** 3 g
- **Kalorien:** 158

MUSKATNUSS- & ZIMTKEKSE *Kekse*

MIT KOHLEHYDRATFREIER VANILLEGLASUR

Schwierigkeits: 1 | 10 minuten | 14-16 minuten | x14 (1 Keks pro portion) €€

ZUTATEN:

- 240g fein gemahlenes Mandelmehl
- 2 Eier
- 113g Butter, geschmolzen (verwenden Sie Kokosöl für eine Paläo-Version)
- 3 Esslöffel Mönchsfrucht-Süßstoff (verwenden Sie Ahornsirup für eine Paläo-Version)
- 1 Teelöffel gluten- und aluminiumfreies Backpulver
- 1 Teelöffel gemahlene Muskatnuss
- 1 Teelöffel Zimt gemahlen
- 1 Teelöffel reiner Vanilleextrakt
- ½ Teelöffel Meersalz

Glaseado:

- 200g Crème Double (verwenden Sie ungesüßte Kokoscreme für eine Paläo-Version)
- 50g Swerve (verwenden Sie reinen Ahornsirup für eine Paläo-Version)
- 2 Teelöffel reiner Vanilleextrakt

Nährwertangaben:

Kohlenhydrate: 6 g	Fett: 13 g
Ballaststoffe: 1 g	Eiweiß: 2 g
Netto-Kohlenhydrate: 5 g	Kalorien: 130

ZUBEREITUNG:

1. Den Ofen auf 175°C vorheizen und ein Backblech mit Backpapier auslegen.
2. Die geschmolzene Butter, Vanille und Eier in eine Rührschüssel geben und verquirlen.
3. Alle trockenen Zutaten außer den Kakao-Nibs in eine Rührschüssel geben und gut vermischen.
4. Die feuchte Mischung in die trockene geben und verrühren, bis keine Klumpen mehr übrig sind.
5. 14 Kekse auf das mit Backpapier ausgekleidete Backblech legen und 14-16 Minuten oder bis die Kanten braun werden backen.
6. Während die Kekse gebacken werden, die Vanilleglasur zubereiten, indem Sie die Zutaten in einen Hochgeschwindigkeitsmixer oder eine Rührschüssel geben und mit einem Handmixer schlagen, bis sich weiche Spitzen bilden.
7. Die Kekse abkühlen lassen und dann mit einem Löffel Vanilleglasur überziehen.

Vorbereitungsanleitung:

Sie können einen Esslöffel rohen, ungesüßten Kakao hinzufügen, um diese Cookies noch dekadenter zu machen.

Serviervorschlag:

Mit einem Glas ungesüßter Mandelmilch servieren.

Fondant/Herzhafte Bissen

KÜRBIS-KÄSEKUCHEN
Fettbomben

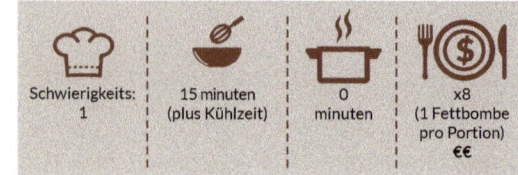

ZUTATEN:

- 226g Frischkäse
- 2 Esslöffel Ghee
- 23g pures Kürbispüree
- 1 Teelöffel Kürbiskuchenkuchengewürz
- 1 Teelöffel reiner Vanilleextrakt
- 10 Tropfen flüssiges Vanille-Stevia

ZUBEREITUNG:

1. Den geschlagenen Frischkäse, Ghee und Kürbispüree in eine Küchenmaschine oder einen Mixer geben und mischen, bis die Mischung vermischt und "fluffig" ist.
2. Das Kürbiskuchengewürz, den Vanilleextrakt und Stevia hinzufügen und erneut schlagen.
3. Die Mischung in Silikon-Backförmchen gießen. Alternativ können Sie Mini-Muffin-Dosen mit Muffinpapier auslegen und etwa 1 Esslöffel der Mischung in jede Form oder jedes Muffinpapier schöpfen.
4. Vor dem Servieren ca. 1 Stunde einfrieren und die Reste im Gefrierschrank aufbewahren.

Vorbereitungsanleitung:

Sie können anstelle von Ghee auch normale Butter verwenden, wenn Sie möchten.

Serviervorschlag:

Mit einer Tasse heißem Kaffee oder Tee als köstliche After-Dinner-Leckerei servieren.

Nährwertangaben:
Kohlenhydrate: 5 g
Ballaststoffe: 0 g
Netto-Kohlenhydrate: 5 g
Fett: 13 g
Eiweiß: 2 g
Kalorien: 133

HERZHAFTE MEERSALZ &
Karamell Fondant-Bissen

ZUTATEN:

- 210g Kokosöl
- 10 Tropfen flüssiges Vanille-Stevia
- 22g rohes, ungesüßtes Kakaopulver
- 1 Teelöffel reiner Vanilleextrakt
- 1 Teelöffel zuckerfreier Karamell-Extrakt
- 1 Prise Meersalz

ZUBEREITUNG:

1. Mini-Cupcake-Formen mit Cupcake-Papier ausstatten und das Kokosöl und Stevia in eine Rührschüssel geben und mit einem Handmixer schlagen.
2. Kakaopulver, Vanille, Karamell-Extrakt und Salz hinzufügen.
3. In die ausgekleideten Muffinformen geben und für ca. 20 Minuten oder bis zum Aushärten einfrieren.
4. Genießen und die Reste im Gefrierschrank lagern.

Vorbereitungsanleitung:

Sie können auch Silikon-Cupcake-Formen verwenden, um sie herzustellen.

Serviervorschlag:

Mit einem Glas ungesüßter Mandelmilch servieren.

Nährwertangaben:

Kohlenhydrate: 1 g　　Fett: 22 g
Ballaststoffe: 1 g　　Eiweiß: 0 g
Netto-Kohlenhydrate: 0 g　　Kalorien: 194

Herbst-Rezepte

ERDNUSSBUTTER-
Fondant

ZUTATEN:

- 210g Kokosöl
- 10 Tropfen flüssiges Stevia
- 125g ungesüßte Erdnussbutter (verwenden Sie Mandelbutter für eine Paläo-Version)
- 1 Teelöffel reiner Vanilleextrakt
- 1 Prise Meersalz

ZUBEREITUNG:

1. Ein Backblech mit Backpapier auslegen und Kokosöl und Stevia in eine Rührschüssel geben und mit einem Handmixer schlagen.
2. Erdnussbutter, Vanille und Salz hinzufügen.
3. Die Masse auf das ausgekleidete Backblech schöpfen und auf ca. 2,5cm Dicke flach drücken.
4. Für ca. 20 Minuten oder bis zum Aushärten einfrieren und in kleine Quadrate schneiden.
5. Lagern Sie die Reste abgedeckt im Gefrierschrank.

Nährwertangaben:

Kohlenhydrate: 3 g   Fett: 28 g
Ballaststoffe: 1 g   Eiweiß: 2 g
Netto-Kohlenhydrate: 2 g   Kalorien: 261

Vorbereitungsanleitung:

Sie können sie mit Cupcake-Silikonformen auch zu Mini-Fondant-Bissen verarbeiten.

Serviervorschlag:

Mit einer Tasse Tee oder Kaffee servieren.

SCHOKOLADEN
Trüffel

ZUTATEN:

- 175g ungesüßte dunkle Schokoladenchips
- 4 Esslöffel Butter
- 100g Crème Double
- 50g Swerve
- ½ Teelöffel reiner Vanille-Extrakt
- 45g rohes, ungesüßtes Kakaopulver als Überzug

ZUBEREITUNG:

1. Die Schokoladenchips und die Butter bei schwacher Hitze in einen Topf geben. Rühren, bis sie geschmolzen sind.
2. Swerve und den Vanilleextrakt unterrühren.
3. Vom Herd nehmen und die Crème Double unterrühren.
4. Die Mischung mindestens 4 Stunden lang kühl stellen.
5. Nach dem Abkühlen die gehärtete Schokoladenmischung mit einem kleinen Kekslöffel aushöhlen und auf ein mit Pergament ausgelegtes Backblech fallen lassen.
6. Mit dem Kakaopulver bestreuen und kühl stellen, bis Sie sie genießen möchten.

Nährwertangaben:

Kohlenhydrate: 8 g
Ballaststoffe: 3 g
Netto-Kohlenhydrate: 5 g
Fett: 12 g
Eiweiß: 2 g
Kalorien: 135

Vorbereitungsanleitung:

Sie können auf Wunsch 1 Teelöffel Stevia anstelle von Swerve verwenden.

Serviervorschlag:

Mit einer Tasse Tee oder Kaffee servieren.

Herbst-Rezepte

Donuts/Teegebäck

ZIMT & NELKEN *Donuts*

| Schwierigkeits: 2 | 20 minuten | 0 minuten | x6 (1 donut pro portion) €€ |

GF

ZUTATEN:

- 96g fein gemahlenes Mandelmehl
- 2 Eier
- 57g ungesalzene Butter, geschmolzen (verwenden Sie geschmolzenes Ghee für eine Paläo-Version)
- 50g Crème Double (verwenden Sie vollfette ungesüßte Kokosmilch für eine Paläo-Version)
- 1 Teelöffel gemahlener Zimt
- ¼ Teelöffel gemahlene Nelken
- 2 Teelöffel aluminium- und glutenfreies Backpulver
- 1 Teelöffel reiner Vanilleextrakt
- 2 Teelöffel flüssiges Stevia
- Kokosöl zum Einfetten

Zimt-Nelken-Glasur:

- 105g geschmolzenes Kokosöl
- 2 Esslöffel Mönchsfrucht-Süßstoff
- 1 Esslöffel gemahlener Zimt
- ¼ Teelöffel gemahlene Nelken

Nährwertangaben:

Kohlenhydrate: 4 g	Fett: 31 g
Ballaststoffe: 2 g	Eiweiß: 3 g
Netto-Kohlenhydrate: 2 g	Kalorien: 299

ZUBEREITUNG:

1. Den Ofen auf 175°C vorheizen und eine Donutpfanne einfetten.
2. Die Donutmischung herstellen, indem sie alle trockenen Zutaten in eine große Rührschüssel geben und umrühren.
3. Eier, zerlassene Butter, Schlagsahne, Vanille und Stevia in einer separaten Schüssel verquirlen und dann langsam in die Trockenmasse einrühren. Rühren, bis keine Klumpen mehr übrig sind.
4. Die Mischung in die vorgefettete Donutpfanne gießen und 20-25 Minuten backen.
5. Während die Donuts gebacken werden, stellen Sie den Zimt- und Nelkenüberzug her, indem Sie Mönchsfrucht, Zimt und gemahlene Nelken in einer großen Rührschüssel zusammenschlagen. Beiseite stellen.
6. Sobald die Donuts fertig sind, abkühlen lassen und das Kokosöl in einer großen Rührschüssel schmelzen. Tauchen Sie jeden Donut in das geschmolzene Öl und bedecken Sie beide Seiten.
7. Sofort mit der Zimt-Nelken-Mischung bestreuen. Auf Wunsch auch etwas Stevia-Pulver darüber streuen.

Vorbereitungsanleitung:

Wenn Sie kein Fan von Nelken sind, können Sie Zimt verwenden und die Menge auf 1¼ Teelöffel in der

Serviervorschlag:

Auf Wunsch mit einer Portion Frischkäse servieren.

AHORN-ZIMT
Teegebäck

ZUTATEN:

- 120g fein gemahlenes Mandelmehl
- 50ml ungesüßte Kokosmilch
- 1 Ei
- 48g Mönchsfrucht-Süßstoff
- 1 Teelöffel gluten- und aluminiumfreies Backpulver
- 2 Esslöffel Butter, geschmolzen (verwenden Sie geschmolzenes Kokosöl für eine Paläooption)
- 1 Teelöffel reiner Vanilleextrakt
- 1 Teelöffel Zimt gemahlen
- 1 Teelöffel zuckerfreier Ahornextrakt (verwenden Sie 1 Esslöffel Ahornsirup für eine Paläo-Version)
- ½ Teelöffel Meersalz

ZUBEREITUNG:

1. Den Ofen auf 175°C vorheizen und ein Backblech mit Backpapier auslegen.
2. Die trockenen Zutaten in eine große Rührschüssel geben und gut vermischen.
3. Die Kokosmilch, das Ei und die geschmolzene Butter, das Vanilleextrakt und Ahornextrakt hinzufügen. Gut mischen
4. Den Teig zu einem großen Kreis formen, auf dem Backpapier platzieren und auf etwa 2,5cm Höhe drücken.
5. In 6 Stücke schneiden und etwa 20 Minuten oder bis die Ränder braun werden backen.
6. Abkühlen lassen und genießen!

Vorbereitungsanleitung:

Auf Wunsch können Sie dem Teig frische Früchte wie Himbeeren hinzufügen.

Serviervorschlag:

Auf Wunsch mit geschlagenem Frischkäse servieren.

Nährwertangaben:

Kohlenhydrate: 3 g

Ballaststoffe: 2 g

Netto-Kohlenhydrate: 1 g

Fett: 10 g

Eiweiß: 3 g

Kalorien: 105

Dessert-Getränke

HERBSTGEWÜRZTE HEISSE
Schokolade

Schwierigkeits: 1 | 5 minuten | 5 minuten | x1 (approx. ½ cup) €

GF DF V

ZUTATEN:

- 100ml ungesüßte Vollfett-Kokosmilch
- 1 Esslöffel rohes, ungesüßtes Kakaopulver
- ¼ Teelöffel gemahlener Zimt
- ⅛ Teelöffel gemahlene Muskatnuss
- ⅛ Teelöffel gemahlene Nelken
- 1 Teelöffel Vanilleextrakt
- 1 Tropfen flüssiges Vanillecreme-Stevia

ZUBEREITUNG:

1. Alle Zutaten bei schwacher oder mittlerer Hitze in einen Topf geben und verrühren, bis sie erwärmt sind.
2. In Ihre Lieblingstasse gießen und genießen!

Vorbereitungsanleitung:

Fügen Sie auf Wunsch eine Prise Kürbisgewürz hinzu.

Serviervorschlag:

Auf Wunsch mit einer Portion ungesüßter Schlagsahne servieren.

Nährwertangaben:

Kohlenhydrate: 10 g   **Fett:** 30 g
Ballaststoffe: 5 g   **Eiweiß:** 4 g
Netto-Kohlenhydrate: 5 g   **Kalorien:** 292

Kalte Leckereien

KÜRBIS-GEWÜRZ-KAKAO-*Mousse*

GF DF V P

ZUTATEN:

- 400ml ungezuckerte Vollfett-Dosen-Kokosmilch (Dose über Nacht in den Kühlschrank stellen)
- 56g pures Kürbispüree
- 2 Esslöffel rohes, ungesüßtes Kakaopulver
- ½ Teelöffel Kürbiskuchenkuchen
- 10 Tropfen flüssiges Vanille-Stevia

ZUBEREITUNG:

1. Die Kokosnusscreme in einen Mixer oder eine Küchenmaschine geben und ca. 2 Minuten schlagen, bis sie cremig ist.
2. Die restlichen Zutaten zugeben und mischen, bis sie vermischt sind.
3. Die Mischung in 4 kleine Serviergläser oder -schalen schöpfen und vor dem Servieren mindestens 1 Stunde lang kalt stellen.

Serviervorschlag:

Auf Wunsch mit einer zusätzlichen Prise Kürbiskuchengewürz servieren.

Nährwertangaben:

Kohlenhydrate: 5 g	**Fett:** 8 g
Ballaststoffe: 2 g	**Eiweiß:** 1 g
Netto-Kohlenhydrate: 3 g	**Kalorien:** 87

Herbst-Rezepte

KOKOSNUSSCREME-KÜRBISKUCHEN-*Milchshake*

ZUBEREITUNG:

1. Geben Sie alle Zutaten in einen Hochgeschwindigkeitsmixer und mischen Sie sie zu einem glatten Ganzen.
2. Sofort genießen.

Vorbereitungsanleitung:

Mischen Sie bei Dosen-Kokosmilch zuerst den Inhalt der Dose, um Kokosmilch und Creme gleichmäßig zu kombinieren.

Serviervorschlag:

Wenn Sie nicht auf Milchprodukte verzichten, können Sie dieses Rezept auch mit Crème Double zubereiten.

ZUTATEN:

- 200ml ungesüßte Vollfett-Kokosmilch
- 28g pures Kürbispüree
- ¼ Teelöffel Kürbiskuchenkuchen-Gewürz
- 1 Teelöffel reiner Vanilleextrakt

Nährwertangaben:

Kohlenhydrate: 8 g   **Fett:** 29 g

Ballaststoffe: 3 g   **Eiweiß:** 3 g

Netto-Kohlenhydrate: 5 g   **Kalorien:** 288

AHORN-WALNUSS
Schlagsahne

Schwierigkeits: 2 | 20 minuten (+ Abkühlen time) | 0 minuten | x8 (aprox. ¼ cup pro portion) €€

GF

ZUTATEN:

- 400g Schlagsahne
- 2 Esslöffel Ghee
- 2 Teelöffel zuckerfreier Ahornextrakt
- 1 Teelöffel reiner Vanilleextrakt
- 140g gehackte Walnüsse
- 10 Tropfen flüssiges Vanille-Stevia
- ½ Teelöffel Guarkernmehl

ZUBEREITUNG:

1. Eine große Rührschüssel zum kühlen für etwa 20 Minuten in den Kühlschrank stellen.
2. Entfernen Sie die gekühlte Schüssel und geben Sie die Schlagsahne hinein. Mit einem Handrührgerätmixer, bis sich steife Spitzen bilden.
3. Die restlichen Zutaten außer die Walnüsse und das Guarkernmehl hinzufügen. Rühren, bis sie kombiniert sind.
4. Die gehackten Walnüsse und das Guarkernmehl vorsichtig unterheben und in einem luftdichten Behälter über Nacht oder für mindestens 8 Stunden aufbewahren.

Vorbereitungsanleitung:

Sie können es vorbereiten, im Kühlschrank aufbewahren und dann vor dem Servieren noch einmal aufschlagen.

Serviervorschlag:

Mit einer Schüssel Ihres Lieblings-Low Carb-Eis servieren.

Nährwertangaben:

Kohlenhydrate: 3 g | **Fett:** 24 g
Ballaststoffe: 1 g | **Eiweiß:** 4 g
Netto-Kohlenhydrate: 2 g | **Kalorien:** 230

Herbst-Rezepte

KEKSE

Schokoladenkekse mit Mega-Schokoladenstückcken
31

Weiche Mini-Browniekekse

Low Carb Lebkuchen

Schneeflocken-Zuckerkekse mit weihnachtlichen Gewürzen
34

HERZHAFTE BISSEN & SCHOKOLADE

Die ultimativen Low Carb Apfelkuchen-Bissen
35

Valentinstag-Schokolade-Himbeere-Fettbomben
36

Zartbitterschokolade Pfefferminzrinde
37

WINTER
Rezepte

BROWNIES, PIES & BROTE

Blondies

Eierlikör-Brownies

Weihnachtliche, herzhafte Pecan Pie Bissen
40

Kaffeekuchen mit kohlenhydratfreier Vanilleglasur

Schoko-Pfefferminz Weihnachtsbrot

Weihnachtliche Schoko-Cupcakes mit Buttercreme

KALTE LECKEREIEN

Walnuss-Parfait mit Zimtstreuseln
45

Keske SCHOKOLADENKEKSE MIT MEGA-SCHOKOLADENSTÜCKCHEN

ZUTATEN:

- 192g fein gemahlenes Mandelmehl
- 2 Eier
- 113g Butter, geschmolzen (verwenden Sie Kokosöl für eine Paläo-Version)
- 87g ungesüßte dunkle Schokoladenchips
- 3 Esslöffel Mönchsfrucht-Süßstoff
- 1 Teelöffel gluten- und aluminiumfreies Backpulver
- 1 Teelöffel reiner Vanilleextrakt
- ½ Teelöffel Meersalz

ZUBEREITUNG:

1. Den Ofen auf 175°C vorheizen und ein Backblech mit Backpapier auslegen.
2. Die Eier, die geschmolzene Butter und die Vanille in eine große Schüssel geben und verrühren.
3. Den Rest der Zutaten hinzugeben und gut vermischen.
4. Löffelweise auf das mit Backpapier ausgekleidete Backblech fallen lassen und 14-16 Minuten oder bis die Kanten braun werden backen.

Vorbereitungsanleitung:

Sie können anstelle der Mönchsfrucht auch 1 Teelöffel Stevia verwenden, wenn Sie möchten.

Serviervorschlag:

Mit einer Tasse ungesüßter Mandelmilch servieren.

Nährwertangaben:

Kohlenhydrate: 3 g

Ballaststoffe: 1 g

Netto-Kohlenhydrate: 2 g

Fett: 12 g

Eiweiß: 3 g

Kalorien: 130

WEICHE MINI-BROWNIE
Keske

GF

ZUTATEN:
- ⅓ Cup Kokosmehl, gesiebt
- 22g rohes, ungesüßtes Kakaopulver
- 60g Rohkakao-Nibs
- 227g Butter, geschmolzen (verwenden Sie Ghee für eine Paläo-Version)
- 2 Eier
- 50g Swerve
- 1 Teelöffel reiner Vanilleextrakt
- ½ Teelöffel Meersalz

Vorbereitungsanleitung:
Sie können anstelle des Swerve 1 Teelöffel Steviapulver verwenden, wenn Sie möchten.

Serviervorschlag:
Mit einem Glas ungesüßter Mandel- oder Kokosmilch servieren.

ZUBEREITUNG:
1. Den Ofen auf 175°C vorheizen und ein Backblech mit Backpapier auslegen.
2. Die geschmolzene Butter, Eier und Vanille in eine große Rührschüssel geben und verquirlen.
3. Die trockenen Zutaten hinzugeben und mischen, bis keine Klumpen mehr übrig sind.
4. Den Teig löffelweise portionieren und 10-14 Minuten backen, bis die Ränder knusprig werden und die Mitte des Kekses fest wird.

Nährwertangaben:

Kohlenhydrate: 4 g	**Fett:** 15 g
Ballaststoffe: 3 g	**Eiweiß:** 1 g
Netto-Kohlenhydrate: 1 g	**Kalorien:** 153

LOW CARB *Lebkuchen*

Schwierigkeits: 2 | 15 minuten (+ Abkühlzeit) | 10-12 minuten | x18 (1 Keks pro portion) €€

ZUTATEN:

- 192g fein gemahlenes Mandelmehl
- 2 Eier
- 227g Butter, geschmolzen (verwenden Sie Kokosnuss oder Ghee für eine Paläo-Version)
- ⅓ Cup Mönchsfrucht-Süßstoff
- 1 Teelöffel Backpulver
- 1 Teelöffel Zimt gemahlen
- ½ Teelöffel gemahlener Ingwer
- ¼ Teelöffel gemahlene Muskatnuss
- ⅛ Teelöffel gemahlene Nelken
- 1 Teelöffel reiner Vanilleextrakt
- ⅛ Teelöffel Meersalz
- 1½ Teelöffel Schwarzband Melasse

Vorbereitungsanleitung:

Um die Butter ohne einen Handmixer cremig zu schlagen, können Sie sie in eine Küchenmaschine oder einen Hochgeschwindigkeitsmixer geben.

Serviervorschlag:

Mit einem Glas ungesüßter Mandel- oder Kokosmilch servieren.

ZUBEREITUNG:

1. Den Ofen auf 175°C vorheizen und ein Backblech mit Backpapier auslegen.
2. Mandelmehl, Gewürze, Backpulver und Meersalz in eine große Rührschüssel geben und gut verrühren.
3. Die Butter cremig schlagen, indem Sie sie in eine große Rührschüssel geben und mit einem Handmixer rühren. Mönchsfrucht-Süßstoff, Melasse und Vanille zugeben und erneut schlagen.
4. Die Eier nacheinander unterrühren, bis sie zusammengefügt sind.
5. Die Mandelmehlmischung langsam einfüllen und mit dem Handmixer untermischen, bis alles gut vermischt ist.
6. Löffelweise auf das ausgekleidete Backblech fallen lassen und drücken leicht nach unten drücken, damit sie flach werden. Für zusätzlichen Weihnachtsstil verwenden Sie Ihren Lieblingsausstecher!
7. 10-12 Minuten oder bis die Kanten braun werden backen.
8. Vor dem Genießen abkühlen lassen.

Nährwertangaben:

Kohlenhydrate: 5 g **Fett:** 12 g
Ballaststoffe: 0 g **Eiweiß:** 1 g
Netto-Kohlenhydrate: 5 g **Kalorien:** 118

Winter-Rezepte

SCHNEEFLOCKEN-ZUCKERKEKSE MIT
Weihnachtlichen Gewürzen

ZUTATEN:

- 192g Mandelmehl
- 2 Esslöffel Kokosmehl (gesiebt)
- ½ Teelöffel Backpulver
- ¼ Teelöffel gemahlene Muskatnuss
- ⅛ Teelöffel gemahlene Nelken
- 112g Butter (verwenden Sie Kokosöl oder Ghee für eine Paläo-Version)
- 50g Erythritol
- 1 Teelöffel reiner Vanilleextrakt
- ⅛ Teelöffel Salz

Schwierigkeits: 2 | 15 minuten (+ Abkühlzeit) | 7-10 minuten | x16 (1 Keks pro portion) €€

GF

Vorbereitungsanleitung:

Um die Butter cremig zu schlagen, können Sie auch einen Handmixer verwenden.

Serviervorschlag:

Mit einem Glas ungesüßter Mandel- oder Kokosmilch servieren.

Nährwertangaben:

Kohlenhydrate: 5 g	Fett: 7 g
Ballaststoffe: 1 g	Eiweiß: 1 g
Netto-Kohlenhydrate: 4 g	Kalorien: 69

ZUBEREITUNG:

1. Den Ofen auf 175°C vorheizen und ein Backblech mit Backpapier auslegen.
2. Die Butter cremig schlagen, indem Sie sie in eine Küchenmaschine geben. Mit der Vanille mischen, bis sie fluffig ist.
3. Die restlichen trockenen Zutaten in eine große Rührschüssel geben und vermischen.
4. Geben Sie die trockene Mischung langsam in den Mixer oder die Küchenmaschine und mischen Sie alles zusammen.
5. Den Teig für ca. 15 Minuten in den Kühlschrank stellen.
6. Nach dem Abkühlen den Teig auf das mit Backpapier ausgekleidete Backblech legen und ca. 2,5cm dick auf einer gefetteten Oberfläche ausrollen. Alternativ können Sie auch ein weiteres großes Backblech mit Backpapier auslegen und den Teig auf dem Blech ausrollen.
7. Mit einer Schneeflocken-Ausstecherform ausstechen und auf das Backblech legen.
8. 7-10 Minuten oder bis die Kanten braun werden backen.
9. Vor dem Genießen vollständig abkühlen lassen!

Herzhafte Bissen & Schokolade

DIE ULTIMATIVEN LOW CARB APFELKUCHEN-*Bissen*

ZUTATEN:

- 150g rohe Cashewnüsse
- 113g ungesüßte Kokosbutter
- 1 roter Apfel, schalenfrei, fein gehackt
- ½ Teelöffel gemahlener Zimt
- ¼ Teelöffel gemahlene Muskatnuss
- 1 Teelöffel reiner Vanilleextrakt
- ¼ Teelöffel Meersalz

Vorbereitungsanleitung:

Sie können auf Wunsch auch einen Granny Smith Apfel verwenden.

Serviervorschlag:

Mit einer Tasse heißem Tee oder Kaffee servieren.

ZUBEREITUNG:

1. Cashewnüsse und Kokosbutter in eine Küchenmaschine geben und verarbeiten, bis sie sich vermischen.
2. Die restlichen Zutaten hinzugeben und gut vermischen.
3. Die Mischung für 10 Minuten in den Kühlschrank stellen.
4. Während die Mischung abkühlt, ein Backblech mit Backpapier auslegen.
5. Den gekühlten Teig in 16 Kreise rollen und auf das ausgekleidete Backblech legen.
6. Vor dem Servieren mindestens 1 Stunde lang kühl stellen.
7. Bewahren Sie die Reste im Kühlschrank auf.

Nährwertangaben:

Kohlenhydrate: 8 g	**Fett:** 13 g
Ballaststoffe: 3 g	**Eiweiß:** 2 g
Netto-Kohlenhydrate: 5 g	**Kalorien:** 150

Winter-Rezepte

VALENTINSTAG-SCHOKOLADE-HIMBEERE-*Fettbomben*

ZUTATEN:
- 226g Frischkäse
- 2 Esslöffel Ghee
- 44g ungesüßte dunkle Schokoladenchips
- 40g gefrorene Himbeeren
- 1 Teelöffel reiner Vanilleextrakt
- 10 Tropfen flüssiges Vanille-Stevia

Vorbereitungsanleitung:
Sie können Butter anstelle von Ghee verwenden, wenn Sie möchten.

Serviervorschlag:
Servieren Sie es mit einem Becher heißem Kaffee für ein leckeres Valentinstag-Dessert.

ZUBEREITUNG:
1. Den Frischkäse, Ghee und die Himbeeren in eine Küchenmaschine oder einen Mixer geben und mischen, bis die Mischung "fluffig" ist.
2. Vanilleextrakt und Stevia hinzugeben und erneut verrühren.
3. Die dunklen Schokoladenchips unterheben und die Mischung dann in Silikon-Backformen gießen, bis zum Anschlag füllen.
4. Vor dem Servieren ca. 1 Stunde einfrieren und Reste im Gefrierschrank aufbewahren.

Nährwertangaben:
Kohlenhydrate: 2 g **Fett:** 12 g
Ballaststoffe: 1 g **Eiweiß:** 2 g
Netto-Kohlenhydrate: 1 g **Kalorien:** 122

Zartbitterschokolade
PFEFFERMINZRINDE

ZUTATEN:
- 105g Kokosöl
- 50ml ungesüßte Vollfett-Kokosmilch
- 22g rohes, ungesüßtes Kakaopulver
- ½ Teelöffel reiner Pfefferminzextrakt
- 2 Teelöffel reiner Vanille-Extrakt
- 10 Tropfen flüssig Vanille Stevia
- ¼ Teelöffel Meersalz

Vorbereitungsanleitung:
Sie können auch 30g Rohkakao-Nibs zur Schokoladenmischung hinzufügen, um sie extra knusprig zu machen.

Serviervorschlag:
Mit einem Glas ungesüßter Mandelmilch servieren.

ZUBEREITUNG:
1. Eine Backform mit Backpapier auslegen.
2. Das Kokosöl bei schwacher bis mittlerer Hitze in einen Topf geben und bis zum Schmelzen erwärmen.
3. Kokosmilch, Kakaopulver, Pfefferminze und Vanilleextrakt unterrühren.
4. Stevia und Meersalz zugeben.
5. Die Masse in die ausgekleidete Backform gießen und für 15-20 Minuten oder bis zum Aushärten einfrieren.
6. Nach dem Aushärten in 12 Stücke schneiden und die Reste für die spätere Verwendung im Kühl- oder Gefrierschrank aufbewahren.

Nährwertangaben:
Kohlenhydrate: 1 g **Fett:** 11 g
Ballaststoffe: 1 g **Eiweiß:** 1 g
Netto-Kohlenhydrate: 0 g **Kalorien:** 94

Brownies, Pies & Brote
Blondies

ZUTATEN:

- 192g fein gemahlenes Mandelmehl
- 2 Eier
- 105g Kokosöl, geschmolzen
- 1 Teelöffel Stevia-Pulver
- 1 Teelöffel reiner Vanilleextrakt
- 87g ungesüßte dunkle Schokoladenchips
- 1 Teelöffel gluten- und aluminiumfreies Backpulver

Vorbereitungsanleitung:

Wenn Sie keine ungesüßten Schokoladenchips finden, können Sie auch Rohkakao-Nibs verwenden.

Serviervorschlag:

Auf Wunsch mit einer Portion ungesüßter Schlagsahne servieren.

ZUBEREITUNG:

1. Den Ofen auf 175°C vorheizen und eine 23x33cm-Backform mit Backpapier auslegen.
2. Eier in eine Rührschüssel geben und verquirlen.
3. Kokosöl, Vanilleextrakt und Stevia unterrühren. Gut mischen.
4. Mandelmehl, Backpulver und dunkle Schokoladenchips unterheben.
5. Die Masse in die ausgekleidete Backform gießen und 20-25 Minuten oder bis die Kanten braun werden backen.
6. Abkühlen lassen und dann in 8 Stücke schneiden.

Nährwertangaben:

Kohlenhydrate: 6 g	**Fett:** 26 g
Ballaststoffe: 3 g	**Eiweiß:** 5 g
Netto-Kohlenhydrate: 3 g	**Kalorien:** 275

EIERLIKÖR-*Brownies*

Schwierigkeits: 2 | 15 minuten | 20-25 minuten | x8 (1 brownie pro portion) €€

ZUTATEN:
- 192g fein gemahlenes Mandelmehl
- 2 Eier
- 105g Kokosöl, geschmolzen
- 22g rohes, ungesüßtes Kakaopulver
- 44g ungesüßte dunkle Schokoladenchips
- 1 Teelöffel Stevia-Pulver
- 1 Teelöffel reiner Vanilleextrakt
- 1 Teelöffel gemahlener Zimt
- ½ Teelöffel gemahlene Muskatnuss
- 1 Teelöffel gluten- und aluminiumfreies Backpulver
- ⅛ Teelöffel Meersalz
- 2 Esslöffel Wasser

ZUBEREITUNG:
1. Den Ofen auf 175°C vorheizen und eine 23x33cm-Backform mit Backpapier auslegen.
2. Eier in eine Rührschüssel geben und verquirlen.
3. Kokosöl, Vanilleextrakt und Stevia unterrühren. Gut mischen.
4. Mandelmehl, Backpulver, Kakaopulver, Zimt, Muskatnuss, Meersalz und Wasser hinzufügen. Gut mischen.
5. Die Schokoladenchips unterheben, die Masse in die ausgekleidete Backform gießen und 20-25 Minuten oder bis ein in die Mitte eingesetzter Zahnstocher sauber herauskommt backen.
6. Abkühlen lassen und dann in 8 Stücke schneiden.

Vorbereitungsanleitung:
Wenn Sie nicht auf Milchprodukte verzichten, können Sie auf Wunsch Butter anstelle von Kokosöl verwenden.

Serviervorschlag:
Auf Wunsch mit einer Portion ungesüßter Schlagsahne servieren.

Nährwertangaben:
Kohlenhydrate: 6 g
Ballaststoffe: 3 g
Netto-Kohlenhydrate: 3 g
Fett: 23 g
Eiweiß: 4 g
Kalorien: 233

Winter-Rezepte

WEIHNACHTLICHE, HERZHAFTE *Pecan Pie Bissen*

ZUTATEN:

- 106g rohe Pekannüsse
- 50g ungezuckerte Kokosraspel
- 2 Esslöffel Kokosnussbutter
- 1 Teelöffel reiner Vanilleextrakt
- 10 Tropfen flüssiges Vanille-Stevia
- 1 Teelöffel gemahlener Zimt
- ¼ Teelöffel Piment
- 30g Rohkakao-Nibs

ZUBEREITUNG:

1. Die Pekannüsse und die Kokosraspel in einen Hochgeschwindigkeitsmixer oder eine Küchenmaschine geben und gut vermischen.
2. Kokosbutter, Vanille, Stevia, Zimt und Piment zugeben und erneut mischen.
3. Die Masse in eine Rührschüssel gießen und die Kakao-Nibs unterheben.
4. Zum Kühlen 15 Minuten lang kühl stellen.
5. Nach dem Abkühlen in mundgerechte Stücke rollen.
6. Bewahren Sie die Reste im Kühlschrank auf.

Vorbereitungsanleitung:

Sie können alternativ rohe Walnüsse oder Cashewnüsse anstelle der Pekannüsse verwenden.

Serviervorschlag:

Servieren Sie es mit Low Carb Eierlikör für einen Feiertagsgenuss.

Nährwertangaben:
Kohlenhydrate: 8 g
Ballaststoffe: 6 g
Netto-Kohlenhydrate: 2 g
Fett: 30 g
Eiweiß: 3 g
Kalorien: 298

KAFFEEKUCHEN MIT KOHLENHYDRATFREIER
Vanilleglasur

ZUTATEN:

- 240g Mandelmehl
- 115ml gebrühter Kaffee, gekühlt
- 3 Eier
- 92g Ghee, geschmolzen
- 1 Teelöffel Stevia-Pulver
- 1 Teelöffel Zimt gemahlen
- 1 Teelöffel reiner Vanilleextrakt

Kohlenhydratfreie Vanilleglasur:

- 226g Frischkäse
- 50g Crème Double
- 1 Teelöffel flüssiges Vanillecreme-Stevia
- 1 Teelöffel reiner Vanilleextrakt

Vorbereitungsanleitung:

Um dieses Rezept Paläo-freundlich zu machen, probieren Sie es mit Frischkäse auf Mandelbasis und ungesüßter Vollfett-Kokoscreme.

Serviervorschlag:

Mit einem Becher Heißer Schokolade (Low Carb) oder einer heißen Tasse Kaffee servieren.

ZUBEREITUNG:

1. Eine Laibpfanne mit Backpapier auslegen und den Ofen auf 160°C vorheizen.
2. Die Eier in eine Rührschüssel geben und verquirlen.
3. Ghee, Vanilleextrakt und Kaffee dazugeben und nochmals verrühren.
4. Die trockenen Zutaten hinzugeben und verrühren, bis keine Klumpen mehr übrig sind.
5. 20-30 Minuten backen oder bis ein in die Mitte eingesteckter Zahnstocher sauber herauskommt.
6. Während der Laib gebacken wird, bereiten Sie die Glasur vor, indem Sie die Zutaten in eine Küchenmaschine geben und cremig schlagen.
7. Sobald der Laib abgekühlt ist, mit der Glasur bedecken, in 8 gleichmäßige Stücke schneiden und genießen!

Nährwertangaben:

Kohlenhydrate: 6 g	Fett: 19 g
Ballaststoffe: 1 g	Eiweiß: 6 g
Netto-Kohlenhydrate: 5 g	Kalorien: 218

Winter-Rezepte

SCHOKO-PFEFFERMINZ
Weihnachtsbrot

Schwierigkeits: 2 | 20 minuten | 20-30 minuten | x8 (1 Scheibe pro portion) €€

GF

ZUTATEN:

- 240g Mandelmehl
- 22g rohes, ungesüßtes Kakaopulver
- 100ml ungesüßte Mandelmilch
- 3 Eier
- 112g Butter, geschmolzen (verwenden Sie Ghee für eine Paläo-Version)
- 1 Teelöffel Stevia-Pulver
- 1 Teelöffel reiner Pfefferminzextrakt
- 44g ungesüßte dunkle Schokoladenchips

Vorbereitungsanleitung:

Geben Sie dem Rezept etwas zusätzliche Weihnachtsstimmung, indem Sie auf Wunsch 1 Teelöffel gemahlene Muskatnuss hinzufügen.

Serviervorschlag:

Mit einer Tasse Tee oder heißem Kaffee servieren.

ZUBEREITUNG:

1. Eine Laibpfanne mit Backpapier auslegen und den Ofen auf 160°C vorheizen.
2. Die Eier in die Rührschüssel geben und verquirlen.
3. Butter, Pfefferminz und Mandelmilch zugeben und erneut verrühren.
4. Alle trockenen Zutaten zugeben und verrühren, bis keine Klumpen mehr übrig sind.
5. 20-30 Minuten backen oder bis ein in die Mitte eingesetzter Zahnstocher sauber herauskommt.
6. Den Laib 10 Minuten abkühlen lassen. Schneiden und genießen!

Nährwertangaben:

Kohlenhydrate: 6 g | Fett: 22 g
Ballaststoffe: 3 g | Eiweiß: 6 g
Netto-Kohlenhydrate: 3 g | Kalorien: 234

Ein Jahr der Einfachen Low Carb Desserts

WEIHNACHTLICHE SCHOKO-CUPCAKES MIT *Buttercreme*

ZUTATEN:

- 150g Kokosmehl
- 45g ungesüßtes Kakaopulver
- 1 Teelöffel Stevia-Pulver
- 3 Eier
- 100g Vollmilch
- 100g Schlagsahne
- 112g Butter, geschmolzen
- 2 Teelöffel reiner Vanilleextrakt
- 2 Teelöffel Backpulver
- 1 Teelöffel gemahlener Zimt
- ½ Teelöffel gemahlene Muskatnuss

Glaseado de Crema de Mantequilla

- 113g Butter
- 113g Frischkäse
- 2 Teelöffel Reiner Vanilleextrakt
- 2 Tropfen flüssiges Vanille-Stevia (optional)

Kochtipp:

Kokosmehl ist sehr saugfähig, weshalb der Teig dicker als herkömmlicher Kuchenteig ist.

Anstatt die Mischung in die Muffinform zu geben, mit einem Löffel schöpfen und vorsichtig nach unten drücken, um sie zu glätten.

ZUBEREITUNG:

1. Beginnen Sie, indem Sie den Ofen auf 175°C vorheizen und eine Muffinform mit Papierförmchen auslegen.
2. Die gesamten trockenen Zutaten in eine Schüssel geben und gut vermischen.
3. In einer separaten Schüssel die Eier verquirlen. Vollmilch, Schlagsahne, geschmolzene Butter und reinen Vanilleextrakt untermischen.
4. Die feuchte Mischung in die Trockenmasse gießen und verrühren, bis sie gut kombiniert ist und keine Klumpen mehr übrig sind.
5. Den Cupcake-Teig in die ausgekleideten Muffin-Förmchen schöpfen und ¾ füllen.
6. Bei 175°C für 18-20 Minuten backen.
7. Vor dem Überziehen mit dem Buttercremeüberzug vollständig abkühlen lassen.

Buttercremeüberzug Zubereitung:

1. Alle Zutaten für den Überzug in eine große Schüssel geben und mit einem Handrührgerät cremig schlagen. Alternativ können Sie auch eine Küchenmaschine verwenden.
2. Die Mischung in einen Spritzbeutel geben und jeden Cupcake nach vollständiger Abkühlung überziehen.

Nährwertangaben:

Kohlenhydrate: 12 g **Fett:** 18 g

Ballaststoffe: 7 g **Eiweiß:** 4 g

Netto-Kohlenhydrate: 5 g **Kalorien:** 226

Kalte Leckereien

WALNUSS-PARFAIT MIT ZIMT-*Streuseln*

ZUTATEN:

- 230g ungesüßter griechischer Vollfett-Joghurt (verwenden Sie vollfetten ungesüßten Kokosmilchjoghurt für eine Paläo-Version).
- 32g gehackte Walnüsse
- 1 Teelöffel reiner Vanilleextrakt
- ½ Teelöffel gemahlener Zimt

Zimtstreusel:

- 3 Esslöffel Kokosöl
- 32g gehackte Walnüsse
- 1 Teelöffel Swerve-Süßstoff
- 2 Teelöffel gemahlener Zimt

ZUBEREITUNG:

1. Joghurt auf den Boden einer Servierschale geben und Vanille und Zimt unterrühren.
2. Mit den gehackten Walnüssen bestreuen und beiseite stellen.
3. Zimtstreusel zubereiten, indem Sie alle Zutaten in eine Rührschüssel geben und gut vermischen.
4. Die Zimtstreusel auf die Oberseite der Joghurtschale streuen und genießen!

Vorbereitungsanleitung:

Sie können dieses Parfait auf Wunsch auch mit Pekannüssen machen.

Serviervorschlag:

Genießen Sie es auf Wunsch mit ein wenig ungesüßter Schlagsahne.

Nährwertangaben:

Kohlenhydrate: 8 g
Ballaststoffe: 3 g
Netto-Kohlenhydrate: 5 g
Fett: 30 g
Eiweiß: 9 g
Kalorien: 313

FRÜHLINGS-
Rezepte

HERZHAFTE BISSEN & SCHOKOLADE

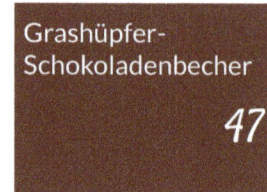
Grashüpfer-Schokoladenbecher
47

Samoas Fettbomben
48

Ostersonntag-Karottenkuchen-Fettbombenpara
49

Mandel-Buttercups
50

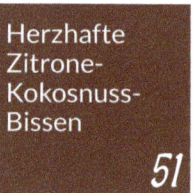
Herzhafte Zitrone-Kokosnuss-Bissen
51

BROWNIES & KUCHEN

Saint Patrick's Day Brownies
52

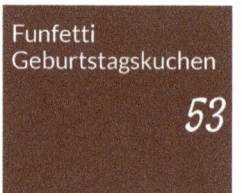
Funfetti Geburtstagskuchen
53

KALTE LECKEREIEN

Meersalz-Vanille-Mandelbutter-Milchshake
54

Himbeer-Eisbecher
55

Erdbeer-Minze Frozen Yogurt
56

Osterlich inspirierter Kokos-Pudding
57

Key Lime Pie Pudding
58

Pistazien-Brownieteig-Milchshake
59

Herzhafte Bissen & Schokolade

GRASHÜPFER-
Schokoladenbecher

ZUTATEN:

- 175g ungesüßte dunkle Schokoladenchips
- 2 Esslöffel Kokosöl
- 1 Teelöffel reiner Pfefferminzextrakt
- 10 Tropfen flüssiges Stevia
- ½ Teelöffel Meersalz

ZUBEREITUNG:

1. Bestücken Sie ein Backblech mit Mini-Muffinförmchen und stellen es beiseite.
2. Bereiten Sie den Schokoladenüberzug vor, indem Sie das Kokosöl bei schwacher Hitze in einen Topf geben. Das Öl schmelzen und dann die Schokoladenchips und das Salz hinzufügen.
3. Die Mischung kontinuierlich umrühren, bis sie vollständig geschmolzen ist.
4. Pfefferminzextrakt und Stevia unterrühren.
5. Gießen Sie die Mischung in die Mini-Muffinförmchen und füllen Sie sie ¾ voll.
6. Für ca. 15 Minuten oder bis zum Aushärten einfrieren.
7. Bewahren Sie die Reste im Kühl- oder Gefrierschrank auf.

Vorbereitungsanleitung:

Sie können den Pfefferminzextrakt ersetzen und auf Wunsch Vanille- oder Mandelextrakt verwenden.

Serviervorschlag:

Mit einer Tasse ungesüßter Mandelmilch servieren.

Nährwertangaben:

Kohlenhydrate: 8 g
Ballaststoffe: 4 g
Netto-Kohlenhydrate: 4 g
Fett: 19 g
Eiweiß: 4 g
Kalorien: 231

Frühjahrs-Rezepte

SAMOAS Fettbomben

ZUTATEN:

- 150g rohe Cashewnüsse
- 2 Esslöffel Butter (verwenden Sie Ghee für eine Paläo-Version)
- 2 Esslöffel ungesüßte Kokosbutter
- 1 Esslöffel Swerve-Süßstoff (verwenden Sie Kokoszucker für eine Paläo-Version)
- 2 Esslöffel ungesüßte Kokoscreme
- 1 Teelöffel reiner Vanilleextrakt
- 1 Teelöffel Schwarzband-Melasse
- ½ Teelöffel Meersalz
- 50g ungesüßte Kokosraspel

Schwierigkeits: 1 | 15 minuten (+ Abkühlen) | 0 minuten | x20 (1 fettbomben pro portion) €€

ZUBEREITUNG:

1. Ein Backblech mit Backpapier auslegen und die ungesüßten Kokosraspel in eine große Schüssel geben. Beiseite stellen.
2. Geben Sie die Cashewnüsse, die Butter und die Kokosbutter in einen Hochgeschwindigkeitsmixer oder eine Küchenmaschine und verarbeiten Sie sie, bis die Cashewnüsse fein gemahlen sind.
3. Swerve, Kokoscreme, Vanille, Melasse und Salz hinzufügen und erneut verrühren.
4. In 20 mundgerechte Bällchen formen und in den ungesüßten Kokosraspeln rollen.
5. Auf das mit Backpapier ausgekleidete Backblech legen und vor dem Genießen für 30 Minuten in den Kühlschrank stellen.
6. Bewahren Sie die Reste im Kühlschrank oder Gefrierschrank auf.

Vorbereitungsanleitung:

Wenn Sie es eilig haben, können Sie die Fettbomben für 15 Minuten einfrieren oder für 30 Minuten kühlen.

Serviervorschlag:

Mit einer Tasse Kaffee oder Tee servieren.

Nährwertangaben:
Kohlenhydrate: 6 g
Ballaststoffe: 1 g
Netto-Kohlenhydrate: 5 g
Fett: 11 g
Eiweiß: 2 g
Kalorien: 120

OSTERSONNTAG-KAROTTENKUCHEN-
Fettbomben

GF V P

ZUTATEN:

- 130g Walnüsse
- 227g ungesüßte Kokosbutter
- 65g geschredderte Karotten
- 50g ungesüßte Kokosraspel
- 1 Teelöffel Stevia-Pulver
- 1 Teelöffel reiner Vanilleextrakt
- 1 Teelöffel gemahlener Zimt
- ⅛ Teelöffel gemahlene Muskatnuss
- ⅛ Teelöffel gemahlener Ingwer

Vorbereitungsanleitung:

Sie können Pekannüsse oder Cashewnüsse anstelle der Walnüsse verwenden, wenn Sie möchten.

Serviervorschlag:

Mit einer Tasse Tee für ein leckeres Osterdessert servieren.

ZUBEREITUNG:

1. Fügen Sie Walnüsse, Kokosbutter, geschredderte Karotten und die Hälfte der Kokosraspel in eine Küchenmaschine oder einen Schnellmixer hinzu und mischen Sie sie gut zusammen.
2. Die restlichen Zutaten abzüglich der Kokosraspel hinzugeben und vermengen.
3. Im Kühlschrank für 15 Minuten abkühlen lassen.
4. In mundgerechte Bällchen rollen und in den restlichen Kokosraspeln wenden.
5. Genießen und die Reste im Kühlschrank oder in der Gefriertruhe lagern.

Nährwertangaben:

Kohlenhydrate: 11 g **Fett:** 29 g

Ballaststoffe: 6 g **Eiweiß:** 5 g

Netto-Kohlenhydrate: 5 g **Kalorien:** 320

MANDEL-*Buttercups*

Schwierigkeits: 2 | 20 minuten (+ Abkühlzeit) | 3 minuten | x10 (1 Glas Butter Mandeln pro Portion) €€

GF DF P

ZUTATEN:

Schokoladenüberzug:
- 175g ungesüßte dunkle Schokoladenchips
- 2 Esslöffel Kokosöl
- ½ Teelöffel Meersalz

Mandel-Butter-Füllung:
- 62g ungesüßte Mandelbutter
- 1 Teelöffel Steviapulver
- 1 Teelöffel pures Vanilleextrakt
- 1 Esslöffel Kokosmehl

ZUBEREITUNG:

1. Bestücken Sie ein Backblech mit Mini-Muffinförmchen und stellen es beiseite.
2. Bereiten Sie den Schokoladenüberzug vor, indem Sie das Kokosöl bei schwacher Hitze in einen Topf geben. Das Öl schmelzen und dann die Schokoladenchips und das Salz hinzufügen.
3. Die Mischung kontinuierlich umrühren, bis sie vollständig geschmolzen ist.
4. Nach dem Schmelzen etwa 1 Teelöffel der Schokoladenmischung in die Mini-Muffinförmchen geben, um den Boden abzudecken. Für ca. 15 Minuten oder bis zur Aushärtung in den Gefrierschrank stellen.
5. Während die Schokolade aushärtet die Mandel-Butter-Füllung herstellen, indem Sie die Mandelbutter, Vanille und Stevia in eine Rührschüssel geben und verrühren.
6. Das Kokosmehl dazugeben und gut vermischen.
7. Nach dem Aushärten etwa einen Teelöffel der Mandel-Butter-Füllung in die Mini-Muffinförmchen geben und mit etwa 2 weiteren Teelöffeln der geschmolzenen Schokoladenmasse bedecken.
8. 15-20 Minuten oder bis zum Aushärten einfrieren.
9. Im Kühl- oder Gefrierschrank aufbewahren, bis Sie sie genießen.

Nährwertangaben:

Kohlenhydrate: 9 g	**Fett:** 19 g
Ballaststoffe: 4 g	**Eiweiß:** 4 g
Netto-Kohlenhydrate: 5 g	**Kalorien:** 230

HERZHAFTE ZITRONE-KOKOSNUSS *Bissen*

ZUTATEN:

- 226g Frischkäse
- 4 Esslöffel Ghee, weich
- 10 Tropfen flüssiges Stevia
- 1 Esslöffel frisch gepresster Zitronensaft
- 50g ungesüßte Kokosraspel

ZUBEREITUNG:

1. Frischkäse, Ghee und Stevia in einen Hochgeschwindigkeitsmixer oder eine Küchenmaschine geben und verrühren, bis die Mischung fluffig ist.
2. Den Zitronensaft dazugeben und erneut verrühren.
3. Die Mischung in Silikon-Mini-Muffinformen schöpfen und mit Kokosraspeln bestreuen.
4. Vor dem Genießen ca. 1 Stunde einfrieren.
5. Die Reste im Gefrierschrank aufbewahren.

Vorbereitungsanleitung:

Sie könne Butter anstelle von Ghee verwenden, wenn Sie möchten.

Serviervorschlag:

Auf Wunsch mit einer Portion Schlagsahne servieren.

Nährwertangaben:

Kohlenhydrate: 1 g
Ballaststoffe: 0 g
Netto-Kohlenhydrate: 1 g
Fett: 10 g
Eiweiß: 1 g
Kalorien: 100

Brownies & Kuchen

SAINT PATRICK'S DAY
Brownies

Schwierigkeits: 2 | 15 minuten | 30-35 minuten | x8 (1 brownie pro portion) €€

GF

ZUTATEN:

- 192g Mandelmehl
- 2 Eier
- 115g Butter, geschmolzen (verwenden Sie Kokosöl für eine Paläo-Version)
- 22g rohes, ungesüßtes Kakaopulver
- 1 Teelöffel Pfefferminzextrakt
- 1 Teelöffel Steviapulver
- 1 Teelöffel gluten- und aluminiumfreies Backpulver
- ⅛ Teelöffel Meersalz
- 2 Esslöffel Wasser

Pfefferminzglasur:

- 226g Frischkäse (verwenden Sie vollfette ungesüßte Kokoscreme für eine Paläo-Version)
- 1 Tropfen flüssiges Stevia
- 1 Teelöffel pflanzenbasierte Lebensmittelfarbe (grün, nicht künstlich)

ZUBEREITUNG:

1. Den Ofen auf 175°C vorheizen und eine 23x33cm-Backform mit Backpapier auslegen.
2. Die Eier in eine Rührschüssel geben und verquirlen.
3. Butter, Pfefferminzextrakt und Stevia unterrühren. Gut mischen.
4. Mandelmehl, Backpulver, Meersalz und Wasser hinzufügen. Gut mischen.
5. Die Masse in die ausgekleidete Backform gießen und 30-35 Minuten oder bis ein in die Mitte eingesetzter Zahnstocher sauber herauskommt backen.
6. Während die Brownies backen, machen Sie die Pfefferminzglasur, indem Sie den Frischkäse mit grüner Lebensmittelfarbe, dem Pfefferminzextrakt und Stevia in eine Rührschüssel geben. Verwenden Sie einen Handmixer, um die Mischung zu schlagen, bis sie eine fluffige Konsistenz erreicht.
7. Sobald die Brownies abgekühlt sind, mit der Glasur überziehen und dann in 8 Stücke schneiden.
8. Bewahren Sie die Reste im Kühlschrank auf

Vorbereitungsanleitung:

Sie können 44g ungesüßte dunkle Schokoladenchips zum Teig hinzufügen, um zusätzlichen Geschmack zu erhalten.

Serviervorschlag:

Mit einer Tasse Kaffee oder Tee servieren.

Nährwertangaben:

Kohlenhydrate: 5 g   **Fett:** 17 g

Ballaststoffe: 2 g   **Eiweiß:** 8 g

Netto-Kohlenhydrate: 3 g   **Kalorien:** 192

FUNFETTI GEBURTSTAGS-*Kuchen*

ZUTATEN:

Für Streusel:

- 50g ungesüßte Kokosraspel
- Sortiment an pflanzlichen Lebensmittelfarbstoffen

Für Kuchen:

- 192g fein gemahlenes Mandelmehl
- 2 Eier
- 452g Frischkäse
- 50ml ungesüßte Mandelmilch
- 115g Butter, geschmolzen
- 1 Teelöffel reiner Vanilleextrakt
- 50g Swerve
- 1 Teelöffel Backpulver
- Kokosöl zum Einfetten

Für Schlagsahne:

- 400g Crème Double
- 1 Tropfen flüssiges Stevia
- 1 Teelöffel reiner Vanilleextrakt

Vorbereitungsanleitung:

Sie können gerne ihren bevorzugten kalorienarmen Süßstoff verwenden.

Serviervorschlag:

Mit einem Glas ungesüßter Mandelmilch servieren.

ZUBEREITUNG:

1. Den Ofen auf 175°C vorheizen und eine große Kuchenform mit Kokosöl einfetten.
2. Machen Sie die Funfetti-Streusel, indem Sie die Kokosraspel in beliebig viele verschiedene Schalen teilen, je nachdem, wie viele Farben Sie verwenden möchten. Geben Sie ca. 3-4 Tropfen Lebensmittelfarbe in jede Schüssel und rühren Sie die Mischung um, um die Kokosraspel vollständig zu bedecken. Beiseite stellen.
3. Mandelmehl, Swerve und Backpulver in eine Schüssel geben. Zum Mischen verquirlen und dann beiseite stellen.
4. In einer separaten Schüssel die Eier, die geschmolzene Butter, den Frischkäse, die Vanille und die Mandelmilch gut verrühren.
5. Die trockene Mischung in die Eiermasse gießen und gut verrühren.
6. Die Streusel unterheben und gut umrühren.
7. Die Masse in die Kuchenform gießen und 25-30 Minuten oder bis ein in die Mitte eingesetzter Zahnstocher sauber herauskommt backen.
8. Während der Kuchen gebacken wird, die Schlagsahne vorbereiten, indem Sie die gesamten Zutaten in eine Küchenmaschine geben und mischen, bis sich eine cremeförmige Konsistenz bildet. Im Kühlschrank aufbewahren, bis sie eingesetzt wird.
9. Den Kuchen abkühlen lassen und dann unmittelbar vor dem Servieren mit Schlagsahne bestreichen.

Nährwertangaben:

Kohlenhydrate: 6 g	**Fett:** 22 g
Ballaststoffe: 1 g	**Eiweiß:** 4 g
Netto-Kohlenhydrate: 5 g	**Kalorien:** 216

Frühjahrs-Rezepte

Kalte Leckereien

MEERSALZ-VANILLE-MANDELBUTTER-*Milchshake*

GF DF P

ZUBEREITUNG:

1. Geben Sie alle Zutaten in einen Hochgeschwindigkeitsmixer und mischen Sie sie zu einem glatten Ganzen.
2. Sofort genießen.

Vorbereitungsanleitung:

Wenn Sie nicht auf Milchprodukte verzichten, können Sie in diesem Rezept 100g Schlagsahne und 100ml Vollmilch verwenden.

Serviervorschlag:

Auf Wunsch mit einer Portion ungesüßter Schlagsahne servieren.

ZUTATEN:

- 200ml ungesüßte Mandelmilch
- 2 Esslöffel Mandelbutter
- 1 Teelöffel reiner Vanilleextrakt
- 1 Tropfen flüssiges Vanillecreme-Stevia
- 1 Prise Meersalz

Nährwertangaben:

Kohlenhydrate: 4 g **Fett:** 11 g
Ballaststoffe: 2 g **Eiweiß:** 4 g
Netto-Kohlenhydrate: 2 g **Kalorien:** 124

HIMBEER-
Eisbecher

ZUTATEN:

- 1 Dose ungesüßte Vollfett-Kokoscreme
- 40g gefrorene Himbeeren
- 1 Teelöffel reiner Vanilleextrakt
- 1 Teelöffel flüssiges Stevia

Topping:
- 4 Esslöffel zuckerfreier Schokoladensirup
- 32g gehackte Walnuss

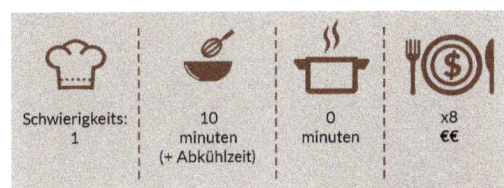

ZUBEREITUNG:

1. Kokoscreme, Himbeeren, Vanille und Stevia in einen Hochgeschwindigkeitsmixer geben und glatt rühren.
2. Mit dem zuckerfreien Schokoladensirup und der gehackten Walnuss bestreuen und servieren.

Vorbereitungsanleitung:

Sie können Erdbeeren anstelle von Himbeeren verwenden, wenn Sie möchten.

Serviervorschlag:

Auf Wunsch mit einer Portion Schlagsahne servieren.

Nährwertangaben:

Kohlenhydrate: 6 g

Ballaststoffe: 1 g

Netto-Kohlenhydrate: 5 g

Fett: 15 g

Eiweiß: 3 g

Kalorien: 170

ERDBEER-MINZE *Yogurt*

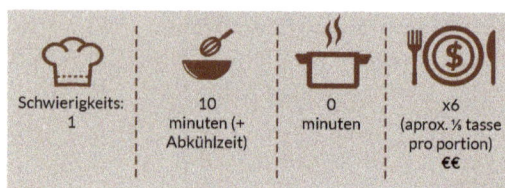

Schwierigkeits: 1 | 10 minuten (+ Abkühlzeit) | 0 minuten | x6 (aprox. ⅓ tasse pro portion) €€

GF

ZUTATEN:

- 460g ungesüßter griechischer Vollfett-Joghurt (verwenden Sie ungesüßten Vollfett-Kokosmilchjoghurt für eine Paläo-Version).
- 144g Erdbeeren
- 1 Teelöffel frisch gehackte Minzblätter
- 1 Teelöffel reiner Vanilleextrakt

ZUBEREITUNG:

1. Geben Sie alle Zutaten in einen Hochgeschwindigkeitsmixer und mischen Sie sie zu einem glatten Ganzen.
2. Vor dem Servieren 1 Stunde im Kühlschrank abkühlen.
3. Genießen und Reste im Kühlschrank lagern.

Vorbereitungsanleitung:

Sie können in diesem Rezept auf Wunsch auch Himbeeren oder Heidelbeeren verwenden.

Serviervorschlag:

Auf Wunsch mit einer Portion Schlagsahne servieren.

Nährwertangaben:

Kohlenhydrate: 5 g
Ballaststoffe: 1 g
Netto-Kohlenhydrate: 4 g
Fett: 3 g
Eiweiß: 7 g
Kalorien: 80

OSTERLICH INSPIRIERTER KOKOS-*Pudding*

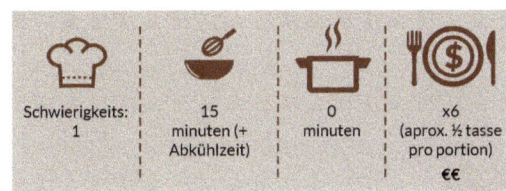

Schwierigkeits: 1 | 15 minuten (+ Abkühlzeit) | 0 minuten | x6 (aprox. ½ tasse pro portion) €€

ZUTATEN:

- 400ml ungesüßte Vollfett-Kokosmilch
- 200g Crème Double (verwenden Sie eine weitere Tasse ungesüßte Kokosnussmilch für eine Paläo-Version).
- 2 Esslöffel Ghee, geschmolzen
- 105g Erythritol
- 100g ungesüßte Kokosraspel, aufgeteilt
- 1 Teelöffel reiner Vanilleextrakt

ZUBEREITUNG:

1. Kokosmilch, Crème Double, Vanille und geschmolzenen Ghee in eine Küchenmaschine geben und glatt rühren.
2. Fügen Sie das Erythritol und 50g Kokosraspel hinzu.
3. Eine Stunde lang kalt stellen.
4. Nach dem Abkühlen auf 6 Tassen verteilen und mit zusätzlichen Kokosraspeln bedecken und servieren.

Vorbereitungsanleitung:

Sie können gerne 1 Tropfen flüssiges Stevia anstelle des Erythritols verwenden, wenn Sie möchten.

Serviervorschlag:

Auf Wunsch mit einer Portion Schlagsahne servieren.

Nährwertangaben:

Kohlenhydrate: 7 g	**Fett:** 35 g
Ballaststoffe: 3 g	**Eiweiß:** 3 g
Netto-Kohlenhydrate: 4 g	**Kalorien:** 340

Frühjahrs-Rezepte

KEY LIME
Pie Pudding

ZUTATEN:

- 200ml ungesüßte Vollfett-Kokosmilch
- 2 Esslöffel Sour Cream (verwenden Sie Kokosnusscreme für eine Paläo-Version)
- 1 Esslöffel Erythritol (verwenden Sie Ahornsirup für eine Paläo-Version)
- 67ml frisch gepresster Limettensaft
- 1 Teelöffel reiner Vanilleextrakt
- 50g ungesüßte Kokosraspel
- 130g Walnüsse

Schwierigkeits: 1 | 15 minuten (+ Abkühlzeit) | 0 minuten | x6 €€

GF

ZUBEREITUNG:

1. Beginnen Sie, indem Sie die Walnüsse in eine Küchenmaschine geben und mischen Sie sie, bis sie zerbröckelt sind. Beiseite stellen.
2. Fügen Sie alle Zutaten außer die ungesüßten Kokosraspel in einen Mixer oder eine Küchenmaschine und mischen Sie sie cremig.
3. Die zerbröckelten Walnüsse auf den Boden von 6 Servierschalen aufteilen und dann die Mischung gleichmäßig auf die Schalen verteilen.
4. Mit Kokosraspel bestreuen.
5. Vor dem Servieren 30 Minuten kühl stellen.

Vorbereitungsanleitung:

Sie können Frischkäse anstelle von Sour Cream verwenden, wenn Sie möchten.

Serviervorschlag:

Auf Wunsch mit einer Portion Schlagsahne servieren.

Nährwertangaben:
Kohlenhydrate: 8 g
Ballaststoffe: 3 g
Netto-Kohlenhydrate: 5 g
Fett: 25 g
Eiweiß: 6 g
Kalorien: 255

PISTAZIEN-BROWNIETEIG-
Milchshake

ZUTATEN:

- 100g Crème Double (verwenden Sie Kokosmilch für eine Paläo-Version)
- 100ml ungesüßte Mandelmilch
- 3 Tropfen flüssiges Stevia
- 2 Esslöffel rohes, ungesüßtes Kakaopulver
- 1 Esslöffel Rohkakao-Nibs
- 2 Esslöffel geröstete, ungesalzene Pistazien

ZUBEREITUNG:

1. Geben Sie alle Zutaten in einen Hochgeschwindigkeitsmixer und mischen Sie sie zu einem glatten Ganzen.
2. Sofort servieren.

Vorbereitungsanleitung:

Sie können jeden beliebigen Low Carb-Süßstoff verwenden.

Serviervorschlag:

Auf Wunsch mit einer Portion Schlagsahne servieren.

Nährwertangaben:
- **Kohlenhydrate:** 6 g
- **Ballaststoffe:** 3 g
- **Netto-Kohlenhydrate:** 3 g
- **Fett:** 16 g
- **Eiweiß:** 3 g
- **Kalorien:** 165

Frühjahrs-Rezepte

SOMMER-Rezepte

FETTBOMBEN & MOUSSE

Gefrorene Keksteig-Fettbomben — 61

Gefrorene Brownie-Fettbomben — 62

Erdbeer-Mousse — 63

KALTE LECKEREIEN

Super cremiger Schoko-Erdnussbutter-Milchshake — 64

Dekadentes Brombeereis — 65

Himbeer-Sahne-Eiscreme — 66

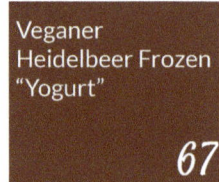

Veganer Heidelbeer Frozen "Yogurt" — 67

Erdbeer & Sahne Frozen "Yogurt" am Stiel — 68

Orangen-Cremeschnitte — 69

Herzhafter Mokka-Milchshake — 70

Kokosnuss-Schoko-Lutscher — 71

Schokolade & Mandel-Minz-Pudding — 72

Hausgemachtes Erdbeer-Schlagsahne-Parfait — 73

Fettbomben & Mousse

GEFRORENE KEKSTEIG
Fettbomben

ZUTATEN:

- 150g rohe Cashewnüsse
- 113g Kokosbutter
- 1 Teelöffel reiner Vanilleextrakt
- 10 Tropfen flüssiges Vanille-Stevia
- ¼ Teelöffel Meersalz
- 4 Esslöffel ungesüßte dunkle Schokoladenchips

ZUBEREITUNG:

1. Geben Sie die rohen Cashewnüsse und die Kokosbutter in eine Küchenmaschine oder einen Hochgeschwindigkeitsmixer und mischen Sie sie, bis die Cashewnüsse fein gemahlen sind.
2. Vanille, Stevia und Salz zugeben und vermischen.
3. Die dunklen Schokoladenchips unterheben.
4. Für 20 Minuten einfrieren und dann in mundgerechte Bällchen rollen.
5. Im Kühl- oder Gefrierschrank aufbewahren, bis Sie sie genießen.

Vorbereitungsanleitung:

Sie können Rohkakao-Nibs anstelle der dunklen Schokoladenchips verwenden.

Serviervorschlag:

Verfeinern Sie jede Fettbombe auf Wunsch mit einem Löffel ungesüßter Schlagsahne.

Nährwertangaben:

Kohlenhydrate: 9 g

Ballaststoffe: 4 g

Netto-Kohlenhydrate: 5 g

Fett: 19 g

Eiweiß: 3 g

Kalorien: 206

Sommer-Rezepte

GEFRORENE BROWNIE-
Fettbomben

Schwierigkeits: 1 | 10 minuten (+ Abkühlzeit) | 0 minuten | x14 (1 fettbomben pro portion) €€

ZUTATEN:

- 110g rohe Mandeln
- 2 Esslöffel rohes, ungesüßtes Kakaopulver
- 113g Kokosbutter
- 1 Teelöffel reiner Vanilleextrakt
- 10 Tropfen flüssiges Vanille-Stevia
- ¼ Teelöffel Meersalz
- 4 Esslöffel ungesüßte dunkle Schokoladenchips

Vorbereitungsanleitung:

Sie können Rohkakao-Nibs anstelle von dunklen Schokoladenchips verwenden.

Serviervorschlag:

Verfeinern Sie jede Fettbombe auf Wunsch mit einem Löffel ungesüßter Schlagsahne.

ZUBEREITUNG:

1. Rohe Mandeln und Kokosbutter in eine Küchenmaschine oder einen Hochgeschwindigkeitsmixer geben und mischen, bis die Mandeln fein gemahlen sind.
2. Vanille, Stevia und Salz zugeben und vermischen.
3. Die dunklen Schokoladenchips unterheben.
4. Für 20 Minuten einfrieren und dann in mundgerechte Bällchen rollen.
5. Im Kühl- oder Gefrierschrank aufbewahren, bis Sie sie genießen

Nährwertangaben:

Kohlenhydrate: 8 g   **Fett:** 18 g
Ballaststoffe: 5 g   **Eiweiß:** 3 g
Netto-Kohlenhydrate: 3 g   **Kalorien:** 191

ERDBEER-
Mousse

Schwierigkeits: 1 | 10 minuten (+ Abkühlzeit) | 0 minuten | x4 (aprox. ½ tasse pro portion) €€

GF

ZUTATEN:

- 200ml ungesüßte Vollfett-Kokosmilch
- 200g Crème Double
- 77g gefrorene Erdbeeren
- 1 Teelöffel reiner Vanilleextrakt
- 2 Teelöffel Swerve
- 1 Esslöffel frisch gepresster Zitronensaft

ZUBEREITUNG:

1. Alle Zutaten in einen Mixer oder eine Küchenmaschine geben und cremig rühren.
2. Auf 4 Schalen verteilen und vor dem Servieren 1 Stunde lang kalt stellen.
3. Vor dem Servieren 30 Minuten kühl stellen.

Vorbereitungsanleitung:

Sie können ein 200ml Kokosmilch anstelle der Crème Double verwenden, wenn Sie auf Milchprodukte verzichten.

Serviervorschlag:

Auf Wunsch mit ungesüßten Kokosraspeln servieren.

Nährwertangaben:

Kohlenhydrate: 5 g
Ballaststoffe: 0 g
Netto-Kohlenhydrate: 5 g
Fett: 15 g
Eiweiß: 1 g
Kalorien: 148

Sommer-Rezepte

Kalte Leckereien

SUPER CREMIGER SCHOKO-ERDNUSSBUTTER-*Milchshake*

ZUTATEN:
- 100ml ungesüßte Mandelmilch
- 50ml Kokosmilch
- 1 Esslöffel Rohkakaopulver
- 2 Esslöffel Erdnussbutter
- 3 Tropfen flüssiges Stevia
- 1 Teelöffel reiner Vanilleextrakt

ZUBEREITUNG:
1. Geben Sie alle Zutaten in einen Hochgeschwindigkeitsmixer und mischen Sie sie zu einem glatten Ganzen.
2. Sofort servieren.

Vorbereitungsanleitung:

Wenn Sie nicht auf Milchprodukte verzichten, können Sie in diesem Rezept 100g Crème Double und 200ml Vollmilch verwenden.

Serviervorschlag:

Auf Wunsch mit einer Portion ungesüßter Schlagsahne servieren.

Nährwertangaben:
Kohlenhydrate: 7 g
Ballaststoffe: 3 g
Netto-Kohlenhydrate: 4 g
Fett: 16 g
Eiweiß: 5 g
Kalorien: 185

DEKADENTES BROMBEER-*Eis* (OHNE RÜHREN)

ZUTATEN:

- 200g Crème Double
- 230g Sour Cream
- 56g gefrorene Brombeeren
- 10 Tropfen flüssiges Vanille-Stevia

ZUBEREITUNG:

1. Geben Sie alle Zutaten in einen Hochgeschwindigkeitsmixer und mischen Sie sie zu einem glatten Ganzen.
2. In einen großen Kunststoffbehälter füllen und ca. 4 Stunden oder bis zum Verfestigen einfrieren.
3. Vor dem Servieren einige Minuten bei Raumtemperatur ruhen lassen.

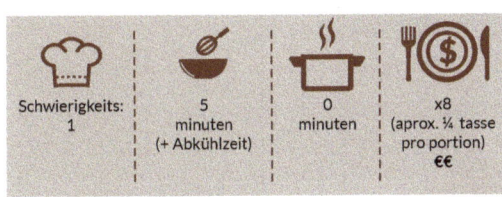

Schwierigkeits: 1 | 5 minuten (+ Abkühlzeit) | 0 minuten | x8 (aprox. ¼ tasse pro portion) €€

GF

Vorbereitungsanleitung:

Sie können gerne jede Beere Ihrer Wahl in diesem Rezept verwenden.

Serviervorschlag:

Auf Wunsch mit einer Portion ungesüßter Schlagsahne servieren.

Nährwertangaben:

Kohlenhydrate: 3 g **Fett:** 12 g

Ballaststoffe: 1 g **Eiweiß:** 1 g

Netto-Kohlenhydrate: 2 g **Kalorien:** 117

HIMBEER-SAHNE-*Eis* (OHNE RÜHREN)

ZUTATEN:
- 200g Crème Double
- 226g Frischkäse
- 80g gefrorene Himbeeren
- 10 Tropfen flüssiges Vanille-Stevia
- 1 Teelöffel reiner Vanilleextrakt

ZUBEREITUNG:
1. Geben Sie alle Zutaten in einen Hochgeschwindigkeitsmixer und mischen Sie sie zu einem glatten Ganzen.
2. In einen großen Kunststoffbehälter füllen und ca. 4 Stunden oder bis zur Verfestigung einfrieren.
3. Vor dem Servieren einige Minuten bei Raumtemperatur ruhen lassen.

Schwierigkeits: 1 | 5 minuten (+ Abkühlzeit) | 0 minuten | x8 (aprox. ¼ tasse pro portion) €€

Vorbereitungsanleitung:
Sie können gerne Beeren Ihrer Wahl in diesem Rezept verwenden.

Serviervorschlag:
Auf Wunsch mit einer Portion ungesüßter Schlagsahne servieren.

Nährwertangaben:

Kohlenhydrate: 5 g   **Fett:** 16 g

Ballaststoffe: 1 g   **Eiweiß:** 3 g

Netto-Kohlenhydrate: 4 g   **Kalorien:** 171

VEGANER HEIDELBEER FROZEN *"Yogurt"*

ZUTATEN:

- 2 Dosen ungesüßte Kokoscreme
- 80g gefrorene Heidelbeeren
- 10 Tropfen flüssiges Vanille-Stevia
- 1 Teelöffel reiner Vanilleextrakt

Schwierigkeits: 1 | 5 minuten (+ Abkühlzeit) | 0 minuten | x8 €€

ZUBEREITUNG:

1. Geben Sie alle Zutaten in einen Hochgeschwindigkeitsmixer und mischen Sie sie zu einem glatten Ganzen.
2. In einen großen Kunststoffbehälter füllen und ca. 4 Stunden oder bis zur Verfestigung einfrieren.
3. Vor dem Servieren einige Minuten bei Raumtemperatur ruhen lassen.

Vorbereitungsanleitung:

Sie können gerne Beeren Ihrer Wahl in diesem Rezept verwenden.

Serviervorschlag:

Auf Wunsch mit einer Portion ungesüßter Schlagsahne servieren.

Nährwertangaben:

Kohlenhydrate: 4 g
Ballaststoffe: 1 g
Netto-Kohlenhydrate: 3 g
Fett: 26 g
Eiweiß: 3 g
Kalorien: 255

ERDBEER & SAHNE FROZEN
"Yogurt" am Stiel

ZUTATEN:

- 200g Crème Double
- 230g Sour Cream
- 80g gefrorene Erdbeeren
- 10 Tropfen flüssiges Vanille-Stevia

ZUBEREITUNG:

1. Geben Sie alle Zutaten in einen Hochgeschwindigkeitsmixer und mischen Sie sie zu einem glatten Ganzen.
2. In 6 Eis am Stiel-Formen geben und vor dem Servieren 4-6 Stunden oder bis zur vollständigen Aushärtung einfrieren.

Vorbereitungsanleitung:

Sie können gerne Beeren Ihrer Wahl in diesem Rezept verwenden.

Serviervorschlag:

Sie können die Spitze der Eis am Stiel in geschmolzene, ungesüßte Zartbitterschokolade tauchen und sie für 10 Minuten in den Gefrierschrank stellen, um einen noch dekadenteren Genuss zu erhalten.

Schwierigkeits: 1	5 minuten (+ Abkühlzeit)	0 minuten	x6 (1 Palette pro portion) €

Nährwertangaben:
Kohlenhydrate: 3 g
Ballaststoffe: 0 g
Netto-Kohlenhydrate: 3 g
Fett: 15 g
Eiweiß: 2 g
Kalorien: 155

ORANGEN-*Cremeschnitten*

Schwierigkeits: 1 | 5 minuten (+ Abkühlzeit) | 0 minuten | x6 (1 Pallete pro portion) €

ZUTATEN:

- 200g Crème Double (verwenden Sie ungesüßte Vollfett-Kokosmilch für eine Paläo-Version)
- 100ml ungesüßte Mandelmilch
- 62ml frisch gepresster Orangensaft
- 10 Tropfen flüssiges Vanille-Stevia

ZUBEREITUNG:

1. Geben Sie alle Zutaten in einen Hochgeschwindigkeitsmixer und mischen Sie sie zu einem glatten Ganzen.
2. In 6 Eis am Stiel-Formen geben und vor dem Servieren 4-6 Stunden oder bis zur vollständigen Aushärtung einfrieren.

Nährwertangaben:

Kohlenhydrate: 2 g
Ballaststoffe: 0 g
Netto-Kohlenhydrate: 2 g
Fett: 8 g
Eiweiß: 1 g
Kalorien: 77

Vorbereitungsanleitung:

Sie können für eine milchfreie Version Kokosmilch anstelle der Crème Double verwenden.

Serviervorschlag:

Das Eis am Stiel auf Wunsch mit ungesüßtem Schokoladensirup beträufeln.

Sommer-Rezepte

HERZHAFTER MOKKA
Milchshake

| Schwierigkeits: 1 | 5 minuten | 0 minuten | x2 (aprox. ½ tasse pro portion) € |

GF

ZUTATEN:

- 200g Crème Double
- 2 Esslöffel Butter, geschmolzen
- 115ml gebrühter Kaffee, gekühlt
- 1 Esslöffel ungesüßte Mandelbutter
- 1 Esslöffel Rohkakao-Nibs
- 1 Handvoll Eis

- **Optionale Toppings:** Schlagsahne und ungesüßtes Schokoladensirup

Vorbereitungsanleitung:

Verwenden Sie eine milchfreie Version Kokosmilch anstelle der Schlagsahne und lassen die Butter weg.

Serviervorschlag:

Mit einer Portion ungesüßter Schlagsahne servieren.

ZUBEREITUNG:

1. Geben Sie alle Zutaten in einen Hochgeschwindigkeitsmixer und mischen Sie sie zu einem glatten Ganzen.
2. In Gläser füllen und servieren.
3. Bei Verwendung mit Schlagsahne und ungesüßtem Schokoladensirup auffüllen.

Nährwertangaben:

Kohlenhydrate: 5 g	Fett: 41 g
Ballaststoffe: 1 g	Eiweiß: 3 g
Netto-Kohlenhydrate: 4 g	Kalorien: 390

KOKOSNUSS-SCHOKO
Lutscher

Schwierigkeits: 1 | 10 minuten (+ Abkühlzeit) | 0 minuten | x8 (1 pallete pro portion) €€

ZUTATEN:

- 400ml ungesüßte Vollfett-Kokosmilch
- 113g Kokosbutter
- 1 Teelöffel reiner Vanilleextrakt
- 32g gehackte Walnüsse
- 10 Tropfen flüssiges Stevia
- 4 Esslöffel ungesüßte dunkle Schokoladenchips

ZUBEREITUNG:

1. Geben Sie Kokosmilch, Kokosbutter, Vanille, Walnüsse und Stevia in einen Hochgeschwindigkeitsmixer oder eine Küchenmaschine. Zum Mischen verrühren.
2. Die Schokoladenchips unterheben.
3. In Eis am Stiel-Formen füllen und vor dem Servieren 4-6 Stunden oder bis zur vollständigen Aushärtung gefrieren.

Vorbereitungsanleitung:

Sie können in diesem Rezept jede beliebige Nussbutter verwenden.

Serviervorschlag:

Die Eis am Stiel auf Wunsch mit ungesüßtem Schokoladensirup beträufeln.

Nährwertangaben:

Kohlenhydrate: 11 g

Ballaststoffe: 6 g

Netto-Kohlenhydrate: 5 g

Fett: 30 g

Eiweiß: 4 g

Kalorien: 311

Sommer-Rezepte

SCHOKOLADE & MANDEL-
Minz-Pudding

ZUTATEN:

- 2 sehr reife Avocados, entkernt und geschält
- 50ml ungesüßte Vollfett-Kokosmilch
- 22g rohes, ungesüßtes Kakaopulver
- ½ Teelöffel Mandel-Extrakt
- ¼ Teelöffel reiner Pfefferminzextrakt
- 10 Tropfen flüssiges Stevia
- ⅛ Teelöffel Meersalz

ZUBEREITUNG:

1. Alle Zutaten in einen Mixer oder eine Küchenmaschine geben und cremig rühren.
2. Vor dem Genuss 30 Minuten abkühlen lassen.
3. Sobald er abgekühlt ist, sofort genießen.

Vorbereitungsanleitung:

Sie können Crème Double anstelle der Kokosmilch verwenden, wenn Sie nicht auf Milchprodukte verzichten.

Serviervorschlag:

Auf Wunsch mit gehackten Mandeln servieren.

Nährwertangaben:

Kohlenhydrate: 13 g
Ballaststoffe: 9 g
Netto-Kohlenhydrate: 4 g
Fett: 24 g
Eiweiß: 3 g
Kalorien: 253

HAUSGEMACHTES ERDBEER-SCHLAGSAHNE *Parfait*

ZUTATEN:

- 200g Crème Double
- 1 Teelöffel reiner Vanilleextrakt
- 10 Tropfen flüssiges Vanillestevia
- 144g Erdbeeren, halbiert

ZUBEREITUNG:

1. Machen Sie Schlagsahne, indem Sie die Crème Double in eine große Schüssel mit Vanilleextrakt und Stevia geben.
2. Mit einem Handmixer schlagen, bis sich steife Spitzen bilden.
3. Die Hälfte der Erdbeeren auf den Boden eines Glases oder einer großen Schüssel geben und mit der Hälfte der geschlagenen Sahne belegen.
4. Wiederholen Sie diese 2 Schichten.
5. In 4 Portionen teilen und servieren.

Vorbereitungsanleitung:

Sie können ungezuckerte Vollfett-Kokosmilch für eine milchfreie Version verwenden.

Serviervorschlag:

Servieren Sie es mit frisch gehackten Minzblättern, um Geschmack hinzuzufügen.

Nährwertangaben:

Kohlenhydrate: 4 g
Ballaststoffe: 1 g
Netto-Kohlenhydrate: 3 g
Fett: 11 g
Eiweiß: 1 g
Kalorien: 118

Copyright 2019 by Elizabeth Jane – Alle Rechte vorbehalten.
Für Berechtigungen, kontaktieren Sie:
elizabeth@ketojane.com oder besuchen http://ketojane.com/

Dieses Dokument ist darauf ausgelegt, genaue und zuverlässige Informationen rund um das Thema und die Problematik zu liefern.

Das Buch wird mit der Vorstellung verkauft, dass der Verlag nicht verpflichtet ist, professionelle Beratung, offiziell erlaubte oder anderweitig qualifizierte Dienstleistungen zu erbringen. Wenn eine Beratung erforderlich ist, sei es rechtlich oder beruflich, sollte eine im Beruf tätige Person bestellt werden.

Aus einer Grundsatzerklärung, die von einem Komitee der American Bar Association und einem Komitee der Verleger und Verbände gleichermaßen akzeptiert und genehmigt wurde.

Es ist in keiner Weise erlaubt, dieses Dokument zu reproduzieren, zu vervielfältigen oder Teile davon in elektronischer Form oder in gedruckter Form zu übertragen. Die Aufzeichnung dieser Publikation ist strengstens verboten und die Speicherung dieses Dokuments ist ohne schriftliche Genehmigung des Herausgebers nicht gestattet. Alle Rechte vorbehalten.

Die enthaltenen Informationen gelten als wahrheitsgemäß und konsistent, jede Haftung in Bezug auf Unachtsamkeit oder anderweitig durch die Verwendung oder den Missbrauch von Richtlinien, Prozessen oder Anweisungen, die darin enthalten sind, liegt in der alleinigen und vollständigen Verantwortung des Lesers. Unter keinen Umständen wird eine rechtliche Verantwortung oder Schuldzuweisung gegen die Herausgeber für jegliche Reparatur, Beschädigung oder finanziellen Verlust aufgrund der enthaltenen Informationen, sei es direkt oder indirekt, akzeptiert.

Die enthaltenen Informationen werden ausschließlich zu Informationszwecken angeboten und sind daher universell einsetzbar. Die Darstellung der Informationen erfolgt ohne Vertrag oder jegliche Garantiezusage.

Der Autor ist kein zugelassener Praktiker, Arzt oder medizinischer Fachmann und bietet keine medizinischen Dienstleistungen, Behandlungen, Diagnosen, Vorschläge oder Beratungen an. Die enthaltenen Informationen wurden nicht von der U.S. Food and Drug Administration bewertet und sind nicht dazu bestimmt, Krankheiten zu diagnostizieren, zu behandeln, zu heilen oder zu verhindern. Vor Beginn oder Änderung von Diät-, Bewegungs- oder Lebensstilprogrammen sollte eine vollständige medizinische Genehmigung durch einen zugelassenen Arzt eingeholt werden, und die Ärzte sollten über alle Ernährungsumstellungen informiert werden.

Der Autor übernimmt keine Verantwortung gegenüber einer natürlichen oder juristischen Person für jegliche Haftung, Verluste oder Schäden, die direkt oder indirekt als Folge der Verwendung, Anwendung oder Interpretation der hierin enthaltenen Informationen verursacht oder angeblich verursacht wurden.

www.ingramcontent.com/pod-product-compliance
Lightning Source LLC
Chambersburg PA
CBHW042036100526
44587CB00030B/4447